革命文献与民国时期文献
保护计划

成 果

抄本邵力子文集

金陵圖書館　編

國家圖書館出版社

圖書在版編目（CIP）數據

抄本邵力子文集 / 金陵圖書館編 .—北京 : 國家圖書館出版社，2020.6

ISBN 978-7-5013-6981-2

Ⅰ . ①抄…　Ⅱ . ①金…　Ⅲ . ①邵力子（1882—1967）—文集　Ⅳ . ① C53

中國版本圖書館 CIP 數據核字（2020）第 062612 號

書　　名　抄本邵力子文集
著　　者　金陵圖書館　編
責任編輯　王　曉
編輯助理　孟穎佼
封面設計　程言工作室

出版發行　國家圖書館出版社（北京市西城區文津街 7 號　100034）
（原書目文獻出版社　北京圖書館出版社）
010-66114536　63802249　nlcpress@nlc.cn（郵購）
網　　址　http://www.nlcpress.com
排　　版　九章文化
印　　裝　北京金康利印刷有限公司
版次印次　2020 年 6 月第 1 版　2020 年 6 月第 1 次印刷

開　　本　710 × 1000　1/16
印　　張　22
字　　數　270 千字
書　　號　ISBN 978-7-5013-6981-2
定　　價　160.00 圓

革命文獻與民國時期文獻整理出版工作委員會

革命文獻與民國時期文獻整理出版學術顧問

（按姓氏筆畫排序）

王奇生　王建朗　王曉秋　孔德平
白雲濤　曲愛國　汪朝光　宋志勇
季正聚　金以林　周永生　周和平
馬大正　馬振犢　夏燕月　徐　勇
陳　力　桑　兵　黄小同　黄長著
黄修榮　黄興濤　張憲文　楊天石
厲　聲　臧運祜　劉家真　韓永進
羅志田

《抄本邵力子文集》編委會

前言

本書是『革命文獻與民國時期文獻保護計劃』成果之一。關於民國時期，學界有一個共同的認識，這個時期是中國從近代社會向現代社會轉型蜕變的一個重要階段，是中國歷史上一個重要而特殊的嬗變時期。此期間，新與舊、中與西、激進與保守、侵略與反侵略等各種思想的碰撞形成了社會轉型期特殊的文化景觀。而在這一本《抄本邵力子文集》中，這些思想觀點的碰撞都能够清晰地找到。

邵力子（一八八二—一九六七），中國近代著名政治家、教育家。一生親歷我國從民主革命到社會主義革命的歷史進程，見證并參與了民國時期很多的重大事件。因其思想觀點比較進步，在民國初年的報刊雜志上發表的大量文章，頗受當時讀者的歡迎。他的文章，『一方面可以留作史料，供研究我國近代史、現代史的參考，也可以提供青年讀者瞭解我國過去的一些情况和寫作上的一些參考，一方面也是對邵先生的一個紀念』（傅學文）。一九八五年，由邵力子的夫人傅學文主編的《邵力子文集》一書由中華書局出版。書中收録了先生的大部分文章，但因有些過去的報刊查找起來比較困難，所收文章最早的一篇是一九一三年三月二十一日發表於《民立報》的《宋教仁之被狙擊》，缺少了一些邵力子先生早期發表的文章。

金陵圖書館收藏有邵力子先生自一九一一年十二月二十九日至一九一三年九月四日發表在《民立報》上的文章手抄本十本、發表在上海《民國日報》副刊《覺悟》上的文章手抄本五本、各種演講内容抄本四本，這些抄本總頁數近九百頁，其内容恰恰填補了《邵力子文集》的空白。這些文章大多都是抄寫在印有『中國國民黨中央執行委員會黨史史料編纂委員會』字樣的稿紙上的。我們認爲，這些資料不僅是研究先生早期思想的重要史料，更是研究民國初期民衆思想的重要史料，將其出版，意義重大。

金陵圖書館是南京市的公共圖書館。南京是一座具有悠久歷史的文化名城，在民國時期具有特殊地位。曲折的歷史軌迹及激烈的社會變革賦予了南京獨特的政治、經濟、文化的發展特點，也爲這座城市留下了數量巨大、内容豐富的文獻資料。金陵圖書館一直將南京地方文獻的采訪徵集作爲工作重點，并通過各種方式積極徵集相關綫裝古籍和民國時期文獻資料。雖然館藏民國時期文獻數量有限，但其價值却非常珍貴，保存着那個年代中國學者思想的輝光。

傳承優秀文化，傳遞優秀思想成果，這是我們的責任和使命。爲此，我們將館藏的邵力子文章抄本加以選編、整理出版，以饗學界。此次整理，以文章發表時間爲序，力求反映抄本原貌，儘量照録原文，以編輯和標點爲主，不作嚴格校勘。同時爲讀者利用方便起見，抄本中部分篇章存在的俗體字、簡化字、异体字等處，予以徑改。抄本中有些識别難度較大的部分，利用當時報紙登載的文章原文進行核對和確認。誤字和抄寫過程中的錯訛之處，用圓括號『（）』標出，後用方括號『［］』括出改字；脱字、漏文等，亦用『［］』括出并補上文字；缺字及不可識別之字，用『□』表示。由於歷史原因，原文中存在『滿清』『滿廷』等表述。爲反映歷史文獻原貌、助力學術研究起見，整理時未作更改，照録原文，敬請讀者在利用過程中加以辨別。由於主客觀的原因，整理成果可能存在一些未盡人意之處，請廣大讀者諒解并批評指正。

編者

二〇一九年十二月

目録

目録

目録

寧蘇合一問題

辛亥十一月初十《民立報》

寧蘇分治，本滿清秕政。今新政府成立，爲維持江蘇全省統一起見，蘇之不當復爲省會，固國民所公認也。

然蘇爲江南都會已二百餘年，今之更張，愚民不無疑慮。且蠹胥猾吏之窟穴，於各衙署中者，無慮數千百輩，一旦失所憑依，正如伯有爲鬼，取精用宏，魂魄必出而爲厲。比者蘇城人心惶惑，謡諑紛興，安知非若輩陰爲鼓煽乎？

處兹過渡時代，似宜設一特別統攝之機關，或陳請都督設行轅於蘇城，以時臨莅，或仍增重警監法院之職權，以資暫時之鎮懾。俟大局底定，社會秩序全復，然後用畫一之府州制度，未爲晚也。

蘇城既廢省會，勢等偏隅，然三吴財賦之區，軍政餉源，國民生計，關係匪淺。且地處寧滬之交，苟或擾亂治安，必且牽掣全局，似未可以一隅輕視之，願程、陳二都督及江蘇議會諸君子稍留意焉。

秦人義不辱國

辛亥年十一月十二日《民立報》

三秦光復，與湖南同日，實先於東南諸省，此可見關輔健兒沉毅勇敢，即知即行，無一毫成敗利鈍之見於胸中，而惟知踴躍以趨仁蹈義也。

關中財力艱窘，彈械空虚，舉義之始，人多危之，而當局者艱難締造，曾不少却。蓋關輔健兒所乏者，黄金與黑鐵；而所富者，則赤血與丹心也。

今日得陝都督來電，於東擊毅軍、西拒長庚之際，獨惓惓以共和政體爲言，誓必達目的而後已。此其心志之堅忍，宗旨之統一，爲何如者？我國民萬衆一心，异地同揆，於此可見，而尚何南北畛域之足慮哉？

軍政罪言（一）

辛亥年十一月十六日《民立報》

軍人拼血肉生命以成共和大業，吾儕文士執筆而議其短長，於心何忍？本報於指摘軍人之文電，概置勿録。愛軍人，亦冀軍人之自愛也。

我民軍伐暴安民之真價，久爲世所共認。然使有一二害軍之馬，假軍人之名，以行其罪惡。記者不稍盡忠告之天職，轉非敬愛我軍人之初意也。

專制時代，軍人可自矜其功，彼固爲少數野心家效死也。共和國之軍人不然，爲同胞效死，爲祖國效死。軍人亦國民一分子，天職所在，烏敢言功！

武德至貴，公道在人。軍人誠立大勛，同胞豈忍相負？我神聖之軍人，焉有争攘功名之惡習？彼侈陳戰績，妄攬大權，藐視主帥，凌蔑同袍，乃昔日驕將悍卒之所爲，我民國軍無此敗類也。

軍政罪言（二）

辛亥年十一月十七日《民立報》

『受有臣億萬，惟億萬心；予有臣三千，惟一心。』師克在和，多亦奚爲？建虜末運，得勁兵兩鎮，足以直擣黄龍。紛紛招募，殊無謂也。

民國初建，兵食爲難，合則俱成，分則兩敗。師武臣力，通力合謀，厚其餉糈，精其彈械，庶幾進必有功，後可爲繼。軍政統一，此爲最亟已。

大總統宣言亦既注意於軍政之統一，然必我軍人共體此心。功不必自我成，名不必自我立，剪滅胡虜，於志已遂，所部兵卒，奚事求多。若人人妄冀練兵數鎮，籌餉千萬，非有擁兵自重之思，亦貽大言不慚之誚，必待大總統親加裁制，非我共和國大軍人所當出也。

軍政罪言（三）

辛亥年十一月十八日《民立報》

行軍以紀律爲先，義師之起，吊民伐罪，同胞方簞食壺漿以迎軍人，軍人不能使我同胞之生命財産毫末無損，未爲盡職也。

公署局所，學校祠宇，權宜寄宿，珍惜宜先。既養成個人之公德，尤保持全軍之令名。至私人居宅，各有主權，縱或罪應没收，亦當歸諸國有，非少數軍人所得自由處置也。

金石書籍，國粹所關，一經兵火，萬劫不復。若任意蹴踐，或用代薪爨，其負罪祖國，視淫掠劫殺爲尤。我軍人當保存古迹，發揚國光，勿以小故而忽之。

整齊敬肅，服從軍紀，軍人之美德也。義師之起，爲祖國争自由，非爲小己縱嗜欲；苟悖此意，損及個人或法人之生命財産者，當與同胞共弃之，庶毋玷污我神聖之軍國民耳。

軍政罪言（四）

辛亥年十一月十九日《民立報》

軍人神聖資格宜尊，况軍府爲軍政樞機之地，中外屬目，用人稍一不慎，致害馬厠足，其間匪特玷辱軍人，且將貽誤大局。吾爲之懼。

瞻徇情面，汲引私人，此滿清亡國大夫之所爲。當兹民國初建，宏濟艱難，稍有人心，豈忍出此？然使百密一疏，一二闒茸之士濫竽尸位，佻㒓之徒藉公營私，亦足令志士灰心，國人解體。

吾謂軍府用人，寧闕毋濫，有功乃勸，有過必懲，以公心鑒别於前，而以嚴法踵行於後，更復博采輿論，昭示大公，庶足保持神聖軍人之名譽也。

軍政罪言（五）

辛亥年十一月二十日《民立報》

宴安鴆毒，古有明訓，大丈夫爲祖國效死當如何？愛惜此身，勿稍斲喪，而况民國初建，尤吾人卧薪嘗膽之秋，非醇酒婦人之日乎！

匈奴未滅，何以家爲！北伐聲聲，果具英雄肝膽，雖正當之兒女愛情，猶當抑制。矧夫平康北里，路柳墻花，非陳叔寶全無心肝，必無爾許徇情樂爲攀折矣。

美人可愛，亦自可畏。戎機漏泄，多在回眸一笑之中。昔法國總統麥馬韓鍾情於一美人之百合花，卒爲王黨所弄。此雖小説家言，吾共和國軍人不可不以爲鑒也。

日耳曼軍人之美質，在能敬禮婦女。吾願我共和國之健兒效之！將帥勿復擁美姬，兵卒勿狎侮民女。血性男兒之美名永永愛惜，毋令人有『色性男兒』之誚也。

軍政罪言（六）

辛亥年十一月廿一日《民立報》

淡泊質素，刻苦堅忍，本軍人美德。雖在軍食饒裕之際，猶不可以奢靡敗壞風氣，矧生計艱窘，餉糈支絀如今日乎！

主持軍政之地，果能以儉德風示天下，則觀感興起。豈無毀家紓難之人？否則募捐紛出，而揮霍依然，駟馬高車，徵歌選色，就令諸公豪富不損公家一錢，而已貽人口實，捐輸者或因而裹足矣。

儉德之亟，匪特私人爲然，即公府用財亦宜審慎。追悼先烈，慶祝共和，洵以誠意將之，奚事虛飾？今又議補行改元慶典矣，事之當否，姑置不論，要必以撙節爲貴，俟民國大定，再踵事增華未爲晚也。

取之盡錙銖，用之若泥沙，承平且不可，矧在國仇未滅之時！專制且不可，矧在共和新造之國！省一分浮費，即裕一分餉糈，願當局者三復斯言。

軍政罪言（七）

辛亥年十一月廿三日載於《民立報》

兵以殺敵，尤以衛民。苟北伐之功未見，而先使吾民阢隉不安，則於義師之初旨背矣。

民國初建，兵力宜充，倉卒招募，誠非得已。然紀律不可不嚴，訓練不可不亟。若街頭巷尾三五成群，武裝游行漫無限制，雖不必有擾民之事實，而婦孺老弱能無竊竊畏懼耶？

即如剪髮之事，應否强迫，尚待討論。就令强迫之命既下，亦當屬於民政範圍。有違抗者，付警吏處分足矣，無勞我軍人越俎也。君子當務其大者、遠者，吾於軍人亦云。

以不教民戰，是謂弃之。諸公若空言北伐則已，否則宜勤加操演，而施以軍事必要之教育，使其身心皆有所歸束，不復爲無意識之舉動也。

軍政罪言（八）

辛亥年十一月廿四日載於《民立報》

健兒愛國，惟其實不惟其名。若必以奇特之名炫耀世俗，則其所以愛國者已淺矣。

淺躁之士，自欺欺人。名刺傳來，頭銜纍纍，按其實際，則所謂某機關、某總長者，多係子虛烏有之談。

此等害馬，社會不予以裁制，非所以保持我神聖軍人之名譽也。

敢死之名，曷自昉乎？愛國奇杰秘密結社，分途運動，各盡所長，文豪鼓吹，智士籌畫，而獨有壯夫奮起，自任暗殺，則群焉以敢死敬之，固非敢死者之以此自矜，今軍隊多敢死決死之名异已。

義師之起，人人欲流最後之血於北京，以洗滌二百餘年之腥穢，全體效死，非一部分人所獨是，故敢死、決死黨人可有其名。而軍人則否，軍人方以死爲天職，天職非可以標名立异者也。

名不正則言不順，此特其一端耳。今既謀統一軍政，首當求綜核名實之法，私人謬妄宜施懲戒，軍隊异稱加糾正，一耳目而齊心志，事無有更亟於此者已。

改曆之解決

辛亥年十一月廿五日載於《民立報》

世界愈進化，則文軌愈趨於大同。吾人乘革新之運，祛徊蔽之習，一是與民更始以從世界大同之法制，此固絶無反對之理由者也。

改曆之議，本報曾著糾正之評語。一則以定議太率，未經法定之正式公決；二則以發表太驟，恐與舊習慣多所牴牾。其理由如此，豈謂陽曆決不可行之我國耶？

吾人爲尊重言論自由，盡規正政府之天職，苟有所見，敢不盡言？今既由大總統續交參議院議決辦法數條，新舊并存，所以維持社會習慣者，甚至而復經此次之鄭重手續頒布新曆，使人民得所依從，則此問題庶可解决矣。吾中華民國今後方欲與列强相提携，以共進世界文明於無盡，深閉固拒之見，詎可復存？若謂本報有反對陽曆之意，而因以『改曆爲用夷變夏』之謬論來相商榷，誤矣！誤矣！

新紀元之感情

壬子年一月十五日〔一〕載於《民立報》

吾國數千年來，全國國民無一特別紀念可以與民共樂之日，如美之七月四日，法之七月十四。而人情不能無所宣泄，乃假天然節序以行之，於是獻歲發春之日交相慶賀。此固無聊之極，思吾人今日所無庸，則仿者也。特是以第一新元宵慶第一新元旦，而此第一新元旦又爲我國第一次行陽曆之年，并適爲第一大總統就任之日，則非復尋常新歲可比。宜吾全國國民歡欣鼓舞、懸燈鳴爆而休業以志慶祝矣。

改曆之議，政府既續有鄭重之手續，凡我同胞孰不歡迎，本報即於萬家歡祝之中改用新歲紀元之標幟，何幸如之。

共和之與專制，其大别在誠僞之分，專制尚虚文，而共和重誠意。吾國民毋徒爲儀文之慶祝，當益自奮勉，以翊助新政府憂勤惕厲之誠。吾人有主持輿論之責，不敢自荒，故今日依舊發行，而特標明其感情如此。

〔一〕抄本誤作『十六日』。

參議院

壬子年一月十六日〔一〕載於《民立報》

參議院之議員由各省都督所委任，乃代表團之蜕體，而非正式之民選議會也。立法之事，關係民國前途者至大，又國民權利所存，非可放弃。吾人於此不可不速求組織正式之民選機關，以建真實之共和政體。

惟召集議會手續頗繁，當兹民國初建，百廢待舉，其勢無可久待。記者之意，謂當承認參議院爲民國輿論權宜發表之地。其所議決，於今日暫爲有效，而仍須俟异時正式國會之追認。法理、事實兩不相妨，當世君子以爲何如耶？

直道果猶存乎

壬子年一月十七日載於《民立報》

處高明之地，負開通之名，社會之期望愈殷，則其責備亦愈重，舉措稍一不慎，人已竊竊然議其後矣。

〔一〕抄本誤作『十五日』。

社會於公府之地，不放弃其監督之天職，此至可喜之現象也。然必有鑒空衡平之識，勿以往事概今日，勿以衆惡歸一人，方足以示直道而資懲勸耳。

滬上爲謡諑繁興之地，又漢奸叢集之區，以某法團而論行止可議之人，不爲不多。然若今日衆口所傳，集矢於個人之身，則稍一調查便知其妄，此在受謗者宜返躬自責，正己以正人，而社會立言尤當具分别智，毋令奸人竊笑，壯士灰心也。

議和之第一要件

壬子年一月十七日載於《民立報》

停戰之期，展限復展限，今又續展二星期矣。吾國民尊重人道，不忍塗炭生靈，袁氏雖詐，猶以至誠待之，當事者之苦衷，固天下人所共諒也。

清廷遜位之説，播於人口，真僞未知，而西北警電已來告矣。漢陽口退出之清軍既敗民軍於澠池，而升允復進兵至距西安一百六十里之地（以地勢考之，當即乾州），綏南攻西之狡計，不已昭然若揭乎？滿族退讓之意未必果誠，就令實行退位，而陰頑狠毒、慘無人道之升允、張勳等流亦未必奉命。若以流寇行爲，恣其殘殺，則同胞將不勝其荼毒矣。

今宜嚴密考察，清廷如確有違約之行爲，指日北伐可也。否則，亦宜令於退位之前，先將升允、張勳等流解去兵柄，倘敢抗拒，吾民國可代行撻伐，不在停戰議和之列。蓋此等人腦筋全係拳匪思想，既以人道爲重，不可不速除此蟊賊也。

仁人之言

壬子年一月十八日載於《民立報》

鋤奸不可不嚴，而嫉惡亦不宜過甚。民國初建，有陰謀破壞者，當與國民共誅之。然猶必有哀矜勿喜之情，至前此罪惡，則寬其既往，許以自新，恩仇種種隨虜族腥膻而俱盡，豈不快哉？否則示人以太隘，非民國尊重人道之初心。且殺機一啓，匪特异黨人人自危，即同黨之中，宗旨豈無小异？温和、激烈，或至相殘，法國革命所以有恐怖時代者，正以此耳。

今大總統既有愷切之文告，而其兄壽屏先生亦致書日報公會，謂宜以文明待保皇黨。夫保皇革命反對趨於極端，而先生猶推誠如此，則人人得湔滌舊染，以同沐共和之福澤矣。仁人之言，其利溥哉！

清帝退位後之袁世凱

壬子年一月十九日載於《民立報》

清帝退位，將由議論而變爲事實，一般人之心理以爲和議自此可成矣，記者則曰：『否否。』

自攝酋廢黜，滿族已同守府，退位之事，在袁氏固自矜爲功，吾民黨視之，則何足輕重？且中華民國之目的，其第一層在建設共和，若以袁氏代清廷，又何取焉？

袁氏今日之意嚮，吾輩殊未明瞭。清帝退位之後，將從國民之同意以建共和乎？抑逞一人之威福以爲僭主乎？此吾人所亟當注意偵察者也。

袁氏果贊成共和，必於清帝退位以後，更示其好惡同民之政策，以爲中華民國之一分子。而慘無人道之張勳、升允等流，尤宜速予罷斥。否則，民國北伐之師，豈可以滿廷既覆而稍緩哉？

助餉獎勵券

壬子年一月十九日載於《民立報》

明明彩票性質，而美其名曰『助餉獎勵券』，且復冠以中華民國之大名詞，可憐亦可笑矣！籌餉之難，人所共諒，然此戔戔者，究何裨於大局？而必受奸商之朦蔽，留賭博之污名，以辱國體而敗民俗。枉尋直尺，甚爲當局者不取也。

中央政府未成立以前，滬上可自爲風氣，今財政總次長已得其人，餉糈不足，自有酌盈劑虛之法，若不亟將此舉取銷，吾實爲滬上各機關耻之，吾更爲中央財政部耻之。

務本女學必不停辦

壬子年一月廿四日載於《民立報》

務本女學校有停辦之説，記者深知其不確也。

教育爲國民之明星，女學尤教育之根本，未成立者宜亟加提倡，已成立者宜力圖擴充，焉有共和國民而縮小教育範圍之理？此以女學言之，而無停辦之理由一也。

滬上女學務本開辦最早，其成就亦最多，即最近籌捐團體亦以自務本發生之女界協贊會最爲人所稱道。成績如此，有心人豈不極力維持？此以務本女學言之，而無停辦之理由二也。

前此爲專制國之紳士猶竭力提倡女學，今兹爲共和國之民政長乃忍心阻抑人才，人將謂往日所爲皆以沽名釣譽，今大名已立，則面目全非矣。以懷九先生之賢，豈其出此？故以務本女學之創辦人言之，而無停辦之理由三也。

無停辦之理由，即必無停辦之事實。無稽之言弗信，記者謹作此語，以慰我全國女國民。

歡迎北方反正將士

壬子年一月廿九日載於《民立報》

天佑我漢牖，啓北方將士之衷！段君祺瑞等四十二人乃有聯請確定共和政體之舉，消南北之惡感，免同種之相殘，其機皆在於此。此我民國同胞所爲距躍曲踴，以歡迎北方兄弟之來歸也。

在昔法國革命，貴族教士陳詞國會自願放弃其封建時代之特權，傳之史册，以爲美談。今觀段君祺瑞等之深明大義，以視法人殆有加焉！

且法之貴族爲德不卒，乞憐异族中道出奔，謀恢復王黨之餘燼，以復啓恐怖之慘劇，識者痛之。若我燕趙之士，古多俊偉，信道既篤，宗旨自堅，重以民國推心置腹之誠，自必無覆雨翻雲之事。勠力同心，共建大業，我南北將士其復爲兄弟如初矣。

不殛四凶，無以安天下

壬子年一月卅一日載於《民立報》

徐錫麟烈士在皖舉義時，謂擬殺恩銘，復再殺端方、鐵良、良弼。今端方在資州伏誅，良弼復受炸已斃，九原有知，庶幾稍慰。然獨任鐵良漏網，使虜族得倚爲負嵎之抗，則後死者之責猶未盡也。

張勳悍無人道，記者前曾謂即使清廷下詔遜位，而彼與升允未必奉命，今果段祺瑞等反正，而張勳、張懷芝獨悍然反對，升允亦與二張等倫，特秦隴道遠，文電阻滯，故未獲與列耳。

張懷芝遇炸未中，負固北方，而升允益進寇陝西，張勳且日圖南犯。三方鼎峙，力梗和議，勢必以拳匪之心腸，襲流寇之行徑，誠我民國今日之大患也。

不亟誅鐵良、張勳、張懷芝、升允之四凶，何以慰先烈在天之靈，而免生靈塗炭之禍？健兒健兒，其速奮起矣！

近事忠告（一）〔一〕

毋怙過！

毋侵權！

事既大拂於輿情，而人又予以轉圜之機會，當局者亦可以已矣。而必勉强回護，使人疑君子亦有怙終飾非之舉動，吾深爲某總司令惜也。

以關於財政之問題，而司戎政者得獨行其意徑，電各省一似財政部無籌餉之責者，徇個人之請求而啓各部自爲風氣之漸，吾尤爲某部總長惜也。

民可去食、去兵，而無信不立。雖在軍政時代，仍當根據法理恪守權限，毋托萬不得已之名以爲飲鴆止渴之舉，獎勵券特其小焉者耳。

〔一〕此文原載一九一二年二月一日《民立報》。

近事忠告（二）

壬子年二月五日載於《民立報》

借款可！

合辦不可！

漢冶萍借款，前據本報東京專電，謂出於該公司主任之陰謀。今得確實消息，知前電頗誤，借款動議係秉承臨時政府之意，則其急公好義之忱，固與招商局、蘇路公司相等，實吾人所絶對贊成而無容非議者也。

惟記者之意，以爲借款則可，合辦則不可。借款之關係僅屬債權，債償而事畢。合辦則不然，其關係异常複雜，投資既等握權，必均。且一經訂約，解脱無日。以萍鄉、大冶煤鐵二鑛之富源，與漢陽兵工廠之爲軍事命脉，而一旦與他人共之，稍有遠慮者，必蹙然爲之不安也。

當事者之議，此必有不得已之苦衷，非吾人所當抗議。然以招商局、蘇路公司之成事例之，則抵押借款亦已足矣。彼不合辦而此必合辦，在他人或具有深心，我烏可妄爲遷就乎？

昨日又得東京訪電，言兹事頗詳。記者深冀借款事成，而合辦之説之不確也。

人之好善，誰不如我

壬子年二月四日載於《民立報》

招商局之股東會甫終，而蘇路公司之報告書又至，急公好義，後先競美。記者於此，深嘆我實業團體之有人，而民國前途所嘉賴於無既者也。與其取盡錙銖瑣捐强募，誠不如實業界之代借巨款，有益於國而無損於民。蘇路公司之報告，豈特各股東全體歡迎，亦我全國同胞所聞而色喜者矣。

回憶一月以前，浙路股東大會於借款籌餉問題全場一致拍手贊成，其意氣何等激昂，而今乃讓蘇路先者祖鞭，意者辦事人已有成議，而尚未及宣布歟？人之好善，誰不如我？繼招商局、蘇路公司而起者，吾望吾浙路公司，吾尤望吾實業界之各團體矣。

漢冶萍合辦之研究

壬子年二月七日載於《民立報》

漢冶萍借款事已有成議，惟合辦一層，記者頗有過慮。昨由友人轉示某君書所以解釋之者，甚至竊謂此等問題國民本有共同研究之天職。在記者固無成見，而當局亦具有苦衷。爰節録原函，附贅數語，以與愛國者一商榷焉。

某君謂『漢冶萍借洋債已巨，不能再借，不得已出於合辦之一途』，又謂『日本合辦，志不在攘我主權，祇欲得礦石之供給。石歷年允借巨款，亦恐我費絀停辦，若松失所依倚。此次恐他國競争，急即就我範圍，即如主權仍操諸總理，而總理必舉華人，議董華多於日，而大小事均議董，從多數議決，及華股不得售讓與非華籍之人，皆永遠保全主權之大端。日人因資我生料，降心相從。自有合辦條約以來，未有優於此者』云云。某君蓋深知此事顛末者，故言之頗詳，杞憂頓釋，想閲者亦具有同情也。

惟漢冶萍實股共千數百萬，而原債僅二百萬（據本社東京電），果抵押借款已萬無可望乎？合辦條件未窺全豹，果於主權毫無損失，抑僅彼善於此乎？此皆足資研究者！又，此等重大之契約，是否須交參議院公决，抑援軍事秘密之例，主其事者得徑行議訂，亦不可審思及之也。

附志：漢陽兵工廠與漢陽鐵廠本係兩事，記者前文偶未明晰，合亟更正。然二廠地勢毗連，兵工廠原料尤多取給鐵廠，其關係固甚密切也。

真愛國者之言論

壬子年二月九日載於《民立報》

真愛國之士，其立論不拘於一偏，而惟以國利民福爲前提。疇昔之慷慨激烈主張種族主義者，今多進而鼓吹人道，此誠吾人言論界之進步，足以表示其大國民之態度者也。

上海爲新思潮産出之區，其受外界激刺最深。而今日議和，當局之苦心孤詣，滬人士亦知之最切。宜其提倡人道主義，力求和平解决，不以虚名末節爲鷸蚌之争，而使前途受無窮之損失矣。人已贊同共和，而我尚叱以奴虜事，已幾費斟酌；而今忽倡議推翻，其熱心非不可敬，獨惜其於人道主義，與夫真正之國利民福未遑審慎思之也。

新人物之針砭語

壬子年二月十日載於《民立報》

黎副總統致參議院電，以崇節儉抑奢侈爲言，此不專爲旅滬人士發也，而旅滬者首當奉爲寶訓矣。以今日金融之阻滯、市肆之凋敝，一般商民已無揮霍之能力。而猶有高車駟馬、徵歌選色、顧盼自豪者，多爲掌握兵權之志士與各省采辦軍械之能員，至今日則更增一種新人物，即承攬借款之理財家是也。此等舉動匪特害國，抑且自害。某都督若不以摩托車自豪誹語，亦當稍減以物質之快樂易精神之苦痛，識者憫之。敬告諸公，即以愛國心爲虚談，亦當求真正之樂利主義也。

盍自返乎

壬子年二月十一日載於《民立報》

市肆凋敝，工商失業；邊徼携貳，强敵生心。吾人權利害之重輕，苟於共和基礎無損，寧忍以一時之意氣阻大局之進行？而非有冷静之頭腦與寬廓之心胸者，則未足以語此也。

舉十八行省爲蒿土，而我所居之十里洋場固依然無恙，則姑作發揚意氣之語以驚世而自豪。記者不敢以此心度人，特侈談破壞而不一計破壞之果否？萬不得已與破壞後所得之價值如何，則殊不能無疑耳。

十數人倡議於前，二三百人集會於後，少數之意思遂足以代表國民，諸公若澄慮静心而返求於己，當亦有啞然自失者矣。

求言論之真自由

壬子年二月十二日載於《民立報》

上海爲文明産出之區，而亦惡菌蔓延之地，即以言論界證之。鼓吹提倡滬人士不爲無功，而欲求真正之自由，則殊不可得。每論一事，苟於演壇上提起异議，則必大聲呼打，甚且以武力禁制，使毋發言。又或於報章中商榷意見，則鞭闢入裏之論辨無聞，而黨同伐异之惡聲已至。此弊不去，真共和終無實現之一日也。尤而效之，君子不爲。故有以冷静之頭腦研究事理之是非者，自可共同討論；若惟叫囂怒駡争持意氣，則亦敬避其鋒，以自保共和國民之資格而已。世之知言者，以爲何如耶？

敬告我軍人

壬子年二月十二日載於《民立報》

南北軍隊同贊共和，聯合進行，猜嫌盡釋。大一統之中華民國行將成立，則南北軍之名詞無再成立之理由。然當此過渡時代，將合未合之際，我首建義旗之南軍，其責任固更重於北方軍隊也。

今北軍各將帥方通電聯合，固結團體，以保秩序而杜黨爭（姜、段、馮通電見昨日本報）。凡其所言皆我南軍所夙以自勉者，然百密不免一疏，我敬愛之軍士宜如何？盍自惕勵、朝夕申儆、嚴守軍紀、保持令名，使我南軍卓然爲模範之軍隊，而爲北軍心悦誠服之兄弟也。

南北携手相見於一黨，苟有敗群之馬，無可諱飾，吾輩既不爲血肉之争搏，當以軍人之道德名譽競勝於國中也。

求社會之真鑒别

壬子年二月〔一〕十三日載於《民立報》

一方面慷慨激烈反抗優待皇室條件，一方面秘密運動締結借款合辦契約。蓋可舉十八行省爲蒿土，而扣頭

〔一〕抄本誤作『一月』。

不可可得，私囊不可不肥。然其如『輿論反對，參議院提出議案決不承認』何？既力謀民國幸福，務廢去清帝名稱，又挑撥内部惡感，冀取銷臨時政府。蓋既以意氣用事，則雖蹈洪、楊覆轍，自相殘賊而不惜。然其如『公道在人，黎副總統覆電謂優待條件并無妨礙』何？

上海本罪惡叢集之地，至今日而尤甚，然使社會不相率盲從，則真理終無目而掩。此記者所以不深責彼儕，而有厚望於社會之真鑒别也。

新年可喜之現象

壬子年二月〔一〕廿一日載於《民立報》

新國雖建，舊染未除，苟且因循，習非成是——此吾國今日之大患，而全國國民所當共盡提撕警覺之責者也。賭博之毒中於吾人者至深，此亦專制國應得之結果。蓋人民處專制政府之下，生死榮悴權不己操，每舉一事，恒具投機性質，能幸獲而不能萬全，此最與賭博相似。心理如是，嗜好隨之，又以集會結社未能自由，國民無共同行樂之徑塗，不得已而群趨於賭博。西人至以賭國目我，良非無故。今幸共和國建，正吾人洗心革面、雪耻滌垢之日矣。

〔一〕抄本誤作『一月』。

新年有暫弛賭禁之舊習，此種習慣之不良，有識者自能知之。今滬都督、民政長等主持嚴禁於上，而巡警及各商團協力梭巡於下，數日以來，成效頗見，誠新上海可喜之現象也。果能上下同心，持以實力，何事不可爲？何弊不可去？賭禁，特其一端耳。

忠告軍人

壬子年二月廿一日載於《民立報》

南北統一，軍人不復以血肉相博，而當以名譽道德競勝於國中——此記者前所已言，而深望我神聖之軍人虚懷聽納者也。

驅除專制，傾覆滿室，軍人之力爲多，顧同胞不可無感恩之心，而軍人豈當有挾功之見！吾國此後政局當從大勢所趨，以多數政治爲歸，若至演成軍人政治之局，則殊非前途幸福，以軍人與政治家本各有其天職也。道路傳聞，謂有以軍人劫持立法，必使强從其意而後可者。此無論其主張如何，而其侵權犯法，啓軍人專制之漸，斷斷不可爲訓。記者敬籲懇我軍人，當熱血噴涌之際，必稍審慎顧慮，毋輕於發泄，轉致一片血誠徒爲名譽道德之玷。

若夫害群之馬弁髦紀律，如蘇城槍劫車站之事，則陸軍部暨蘇都督府自有軍法在，非記者所欲與言也。

月份牌志感

壬子年二月廿二日載於《民立報》

昨入城偶游市廛，見有售月份牌者，其中有某某烟公司與某某煤油公司製品，猶大書特書爲『宣統四年』，异已！

月份牌，一至微極瑣之事耳，而吾因之有三感焉。旅滬西商於此等事不注重，一委之於夥友，而夥友率蠢蠢無新思想，遂有此笑柄。西商隔膜，可嘆一也！小販逐蠅頭之利，無愛國思想。鄉愚購者亦徒驚其光彩烱麗，不辨所書之爲何。小民蒙昧，可嘆二也！通衢廣衆之中販售此等品物，巡警處其旁瞠目若無睹。警吏溺職，可嘆三也！

滬都督乃酬庸之具耶

壬子年二月廿三日載於《民立報》

『總統非酬庸之具』，孫大總統之名言，天下人實共聞之。總統且然，都督何論焉？

乃又以陳都督爲民國首功，必不能聽其告退，然則滬督獨酬庸之具耶？酬庸之術亦多矣，何必滬督！

今日第當問滬軍之應有都督與否，而不必問陳君英士之應爲都督與否。法人、私人，首宜分析，況陳君功成身退，力顧大局。君子愛人以德，誠不如玉成其志之爲愈也。

承認中華民國之先聲

壬子年二月廿四日載於《民立報》

前此海上西字報述吾民國大事，輒標其題曰《支那之革命》，自昨日始乃易稱爲《支那之共和》。雖一標幟之微，而有深意存然，外人承認吾中華民國之先聲，固於是乎在矣。

『共和國建，革命軍消』——黎副總統之名言，吾於此又得一文字上之證據。有統一南北之責者，其何以速慰海内外之期望耶？

陽曆與節候

壬子年二月廿六日載於《民立報》

改用陽曆，今已確定。最近海上商界議決交易往來亦以陽曆爲準，政治、商業上下交孚，今而後陽曆其推行無阻矣。

然猶有一部分人以陽曆爲疑，則謂『陽曆行而節候廢，農人將無所適從』，不知此大謬之見也。陽曆之與節候，其利便較之陰曆殆有過之，陽曆每歲三百六旬有五日，而二十四節候與之正同，故用陽曆則節候較易記憶，如春分三月廿一日、夏至六月二十二日、秋分九月二十三日、冬至十二月二十二日，歲以爲常，餘可類推，間或相差，不逾一日。此本至淺之理，果善爲譬解，農民亦不難領悟也。拘守舊習，農過於商。商恒與外界交通，而農第勤力於甽畝之内，故商已自悟而農猶未能。有宣講之責者，盍注意焉。

兩大共和國民之握手

壬子年二月廿七日載於《民立報》

中美兩國睦誼素敦，況美爲共和首造之邦，而我亦突飛急進，建中華民國於東半球。國體既同，感情益洽，而游美實業團果於南北統一之初得兩國商人之同意，以重伸前説矣。巴那瑪運河開通以後，太平洋將爲全球商業之樞機，而執有此太平洋之霸權者，吾人不可不力自奮勉，與美人相提携，冀以東西兩大共和國之聯合，保持全世界之和平。而巴那瑪運河既通，上海之位置實首將更變，則吾上海人之責任尤重也。

抑吾猶有感者，美人方招請吾實業團，而泗水神户華僑被辱之報乃相踵而至。荷蘭之在吾國商務關係本淺，且泗水乃其殖民地，若日本則方思推廣商業於吾國，而神户尤其重要之商港，乃亦必與吾人結惡。感君主之於共和，其程度不相及乃如此哉！

鎮静與警悟

壬子年三月二日載於《民立報》

警電傳來，北京兵變，道路驚告，無非此事。既嘆息於北方同胞之妄遭荼毒，復戒懼於統一政府之阻滯進行。吾人關懷大局之熱心，誠非昔日膜視國事者比矣。

記者於此敬以二義告之同胞：第一，吾人不可不以鎮静之態度觀察此事。海上宵人雜處，謡諑易興，前此譚、馬二都督被刺之風傳，實爲無中生有。今北京既有兵變，更何難過甚其詞，以淆惑觀聽？若商民輕信其言自啓紛擾，實非市面之福。當此統一進行之際，吾人深冀此次之變於大局無甚影響，而目前當以鎮静處之也。

第二，吾人對於此事不可不有警悟之覺心。此次革命流血少而成功速，爲歐人所稱道，實則危機遍於全國，一觸即發。而兵隊雲屯，餉糈不繼，立可嘩潰。北方既啓其端，南都宜引爲戒。海上爲東南富人逋逃藪——流連歌舞，一擲千金；召募公債，百呼不應。循是不改，擾亂必無已時！宜及時猛省，共圖救濟，勿如隔岸觀火也。

富家翁猶未警悟耶

壬子年三月三日載於《民立報》

軍興以來，富家翁率避地海上，洋場十里，幾有人滿之憂。自南北統一，若曹私心冀幸，謂『不日可遄返故鄉』，而不意事變之來出人意外，宛平、鄂渚相繼告警，雖今已觕定而傳聞异詞，向之欣然色喜者，今又魂夢爲之不安矣。

若曹果關心國事乎？抑僅自顧其私乎？觀於公債之應募寥寥，而知守財虜固無時警悟也。

餉糈奇絀，借款多艱，應急之方惟恃公債。敬告富家翁：公等雖安居海上，而故鄉猶有田廬。必俟餉竭兵

潰，演焚掠慘劇，雖噬臍亦何及哉？

促上海人之醒悟

壬子年三月四日載於《民立報》

上海、漢口、天津，爲吾國三大商港，富商巨賈之所托足。今漢口早付劫灰，天津亦新罹兵禍，公私損失未可數計。獨上海安堵如恒，商民樂業，槍劫之案視前爲減。幸福哉！上海人也。

然苟念及津漢同胞之獨遭不幸，則必有惻怛悲憫之心；民國大局之尚未鞏固，則更有戒慎恐懼之念。吾上海人可貪天之功而漠視同胞之慘苦乎？抑以上海爲長治久安而無勞群力之扶持乎？願於碰和叫局之餘，稍稍爲大局着想也！

議員辭職之研究

壬子年三月七日載於《民立報》

南京參議院議員以争持臨時國都問題，及反對政府借款事件先後辭職者甚多，輿論亦頗以高潔强毅許之。

然共和國果應有議員辭職之事乎？此吾人所亟宜商榷者也。

歐美立憲諸國，無論君主或民主，有行政内閣不得議會信任而辭職者，絶無立法議員不爲政府所容而辭職者。議員不得行其志，當堅持到底，待政府之解散，行總選舉投票以待國民公論，不宜漫然辭職，先自弃其立法之天職也。

今如參議院辭職議員之意，若辭職以後任其缺席，舉本省應有之立法權，而由諸君放弃之，此非諸君所願出，而必待各省選賢以繼其後矣。然繼任者若與諸君异趣而表同情於政府，此在諸君視之必認爲有損於國民，否則毋取辭職也；若其主張與諸君同，則諸君之辭職不過以與政府堅持之難題諉卸於他人而已。二者豈皆愛國者所當出哉？

有立法權之議員當時時取積極的態度，而不可稍有消極的行爲。參議院本非民選，可無論已；吾未來之國會議員，其審議焉可也。

言論界之責任愈重矣

新紀元三月八日《民立報》

最近，海上言論界除少数人别有見解外，頗有一致之觀，如反對漢冶萍借款問題、却還内務府報律問題、主張臨時都城應在北京問題……皆犖犖大端，足以代表多数國民之意見者也。

政府之初見，或與輿論相牴牾，而最後之結果無不與民同其好惡。漢冶萍草約早由孫總統電令取消，而内務部報律無效之命令提交參議院，建都北京之議案，今復一一呈於吾人之眼簾。國民諍於下，政府從於上，共和國之精神，如是如是。

若政府能俯從輿論，而輿論不能指導政府，則言論界之罪大矣。我同業諸君，其益自奮勉，以永保此獨立之言論哉！

臨時國都問題釋疑

新紀元三月九日《民立報》

孫大總統提交參議院議案，其要点有二：一、袁君行正式受職禮，可否不親至南京；二、臨時政府地點可否暫設北京。而參議院會議表决之結果答覆四條，於前者已爲簡截之决定，而於後者尚無正式之聲明，聞者竊以爲疑焉。

或謂大總統既正式受職於何地，即認何地爲臨時國都，故參議院不復爲贅瘤之答案。果爾，則真統一前途之大幸矣。

急公廢私

新紀元三月九日《民立報》

今之人有藉公以圖私者，有徇私以害公者，而未有急公以廢私者。有之，則務本女校校長吴公懷疚是也。

民政爲公，女學爲私，人人能視女學事如私事，教育前途之幸也。民政長縣祇一人，苟我急其公而人皆務其私，則真公私兩得之道矣。

推而言之，則司法公也，小學私也，故自爲司法長，而三育小學亦廢。

然幸而民政長、司法長之無多耳，否則人人皆急其公，而私立學校無孑遺於上海矣。

慈善家可以興矣

新紀元三月十一日《民立報》

淮海告災電文數至，一字一泪，不忍卒讀。吾意海上大慈善家必有聞風而起爲災民乞命者，何至今猶金玉爾音也？

政黨朋興，意氣奮發，開會發電，盛極一時，彼其意固爲國民求幸福也，然淮海之民旦夕且死，不急謀振撫，雖有至善之約法而將索彼等於枯魚之肆矣。今日有十數完善之政治結社，不如有一個草創之慈善團體。

海上大慈善家有奮起提倡者乎？本社不敏，當執鞭弭以從其後矣！

非復仇主義

新紀元三月十四日《民立報》

專制政體之國，法律無保障之力，伸貴而絀賤。人民有大寃，抑控訴無所。强者冒死挺刃以復仇，弱者立說陳詞以泄憤，君子許之以『非是無以慰孝子仁人之志』，而將益助專制君相之淫威也。今幸沐共和之澤，人人平等於法律之下，果何事不平等者，法律當爲之平反。乃侈言復仇，而以裁判所及上級機關爲無物，此無論其所仇者之果當仇與否，而復仇者之藐視法律已爲不可掩之事實矣。繼自今有不正式伸理於裁判所，而自以手槍炸彈號稱復仇者，當與國民共弃之。

實業補習學校

新紀元三月十六日《民立報》

戰後經營，莫先實業。振興之策，貴有財，尤貴有人。專門大家，緩不濟急，欲圖普及而收速效，則實業補習學校爲最亟矣。

實業補習學校者，使晝間從事商工業之生徒，或以夜間、或以星期日，受實業上必需之教育是也。德意志諸聯邦多以法律强制傭主，使監督其徒傭受此補習教育，而此種補習學校概由傭主合力辦理，國庫及地方第爲之維持補助而已。德國工商業之突飛進步，論者謂多得力於此。

上海爲商業最盛之地，而此種組織竟付闕如，故商智不進。今欲以中央法律强制尚若未能，謂宜由商務總會及各業公所自行聯約，仿照德制辦理，以爲全國之倡。

實業補習學校（二）

新紀元三月二十日《民立報》

實業補習學校之必要，記者前已言之。以海上商界之開通，寧不知此？其遲遲未見實行者，或以經費難籌故耳？然查海上各業，本各有籌辦小學之舉，因而改良推廣爲道非難。蓋普通兩等小學與實業補習學校之异点，衹在學科之略有不同，與夫生徒之自由、强制。今即就原有之小學附設專科，教授商業上必需之智識，如算数、簿記、商業歷史、商業地理、外國語、連記術等，而更附講各業特殊之經驗，或半日，或夜間，令各業所有徒傭一律有入學之義務，違者公議懲戒。如是則所費無多，而收效至廣。俟大局底定，元氣全復，再議國庫及地方補助之法，自不難賡續推廣，而爲各地樹立之模型矣。商界諸公，亦有意於斯乎？

何原伯魯之多也

新紀年三月十七日《民立報》

軍興以來，海上百業凋敝，而書肆之零落尤甚。果吾國無書可讀乎？抑今日讀書者之少也？

徵歌選色，揮霍依然。若斥数金購書報，則曰無力；吃酒碰和，徵逐不厭，至費数時講學理則曰無暇。記者於此，一字一泪。

國命更新，萬端待理，吾人應需之常識何限？而乃游談終日，束書不觀，開口輒作極外行語，此等人雖日言共和，亦復何益？

原伯魯不説學，而閔子馬知周之將亂。今日上海之原伯魯，殆十人而九。上海如此，他處可知。長此不改，吾民國之命運如何，非記者所忍言已！

國務員之人物

新紀元三月十八日《民立報》

國務員之人物爲今日全國視綫所集，苟有不當，磋商可也，必一概却回原業，使國民希望統一之心挫折無餘。聞者已爲之大惑，而或人猶謂未足，通電各報妄假名義，故作危言，摇動大局，姑無論其居心如何，而影響於事實者至巨。鄂人起而聲明，亦可見公論之終不可掩矣。

南北并用，新舊兼收，任官維能，不分畛域，此今日有識者之公言論。國務員人物者，當首知此義也。

軍事痛言

新紀元三月十九日《民立報》

新招軍隊訓練未嚴，偶有嘩噪，本無足异，特際此訛言朋興，人心浮動，道路驚告，遂有談虎色變之觀。

使非軍府商團協力巡邏，妥爲鎮懾，則星星之火或至燎原，而大局且爲之揺動矣。

上海情形與京華迥异。軍隊而外，商團异常得力，果少数不逞之徒破壞秩序，撲滅非難。而潰兵逃竄，爲道亦正不易。人孰肯自陷於死？餉糈無缺，焉有他虞？市井惶駭，誠庸人自擾而已。

然光復以來，海上一塵不驚，至今日而忽起謡諑。果統一政府早日成立，編練軍制，寬籌餉項，諸問題早日解決，寧復至此？諸公豈欲上海爲第二之京津，而後於國務員之人物交相讓步乎？非記者所忍知已。

明日之漢冶萍股東會

新紀元三月廿一《民立報》

漢冶萍合辦草約，大爲輿論掊掣，孫大總統亦有令取消。惟按照原約，股東不通過即當作廢，故復正式訴之股東，以爲最終之解決。明日之會，其關係蓋甚重已。

然就保愛國權、擁護股本、顧全大局，勉從輿論諸方面着想，各股東亦猶是人類，寧肯冒天下之大不韙，以斷送絶大利權於外人之手？縱有一二僉壬運動，亦豈有濟？然則明日之會，其結果如何，識者皆能逆料之。

惟記者猶有爲各股東告者，則内部根本之組織、此後進行之手續，均當及時提議，協力規畫。方針既定，大利可興，商本國權，兩得其益，否則慢藏誨盗，貨弃於地，仍無以戢視眈欲逐者之窺伺也。

再告唐總理

新紀元三月廿三日《民立報》

唐總理已抵滬矣，統一内閣之成立當不遠矣。記者有一言爲唐君告者，則願唐君於赴寧以前，先將國務員人物之説明準備盡善是也。

國務總長之未决，世多誤爲南北争持。實則前此電傳諸人物，參議院有未審委任之原因，或并不知其爲何許人者，不得不有待於唐君之説明。今唐君若果能詳細解釋，斯前此誤會不辨而自明，否則紛擾益甚，而前言且不幸而中，故説明不可不慎也。

記者尤有一言爲唐君告者，則此次新内閣人物，首当合南北新舊之人才，而尤不可不嚴政務官與常務官之别。常務官執行一部份之政事者也，政務官通筹全部及一國之政策者也。若以有常務官之資格者，而委爲國務總長，則其説明必爲國人所否認，唐君其慎之哉！

兵以衛民

新紀元三月廿四日《民立報》

兵以衛民，非以擾民。所謂擾民者，不必其躬事掠奪也。有兵而過多，兵多而風紀不肅，使人民不以兵爲可恃，而以兵爲可憂，則其擾民爲已甚矣。

海上奢華，本非駐兵之地，量移歸并，方爲根本之解决。若爲維持現狀之計，則當朝夕申儆，嚴整紀律，曉以京津叛兵之多就夷戮，外人干涉之已見端倪，害馬必誅，天職宜盡，庶幾士有同心，人無变志，謡該漸息，兵民相安。軍界聯合會諸公固皆深明大義，尤望其坐言起行，不僅以聯絡感情了事也。

願女同胞自思之

新紀元三月廿五日《民立報》

最近海上女子之流行髻，其形式如何，非記者所欲論。記者所敢問於我女同胞者，則使二萬萬女子人人爲此髻，其所用之東洋玳瑁梳需代價若干而已。

日日要求至高之參政權，日日銷售不急之外國貨，記者於此，不敢更贅一詞，惟願我女同胞自思之而已。

今日之大患

新紀元三月廿六日《民立報》

今日之大患，不在有暗殺、盗劫、擄贖之案，在有暗殺、盗劫、擄贖之案，而吞舟之魚終得漏網以去。蓋天下不能無罪人，有罪人而法律足以懲治之，則僉人有所畏，良民有所恃。反是，而社會之恐慌乃不可言狀矣。

陶焕卿先生之被刺也，王有常家之被劫也，盛宣懷孫之被擄也，非皆軍政府所嚴密緝拿者乎？偵探如鯽，軍旅如林，而奸徒得逍遥而來，從容而去。重賞有所不獲，嚴法有所不行，則毋惑乎人心之浮動，而群以租界爲安樂窩矣！有保民之責者，奈之何其勿思！

警告我同業及各政黨

新紀元三月廿七日《民立報》

昨本社南京電，臨時國都問題復活，政府仍主張南京。是説也，記者深知其不確，然不敢不望我同業及各政黨之注意。我同業及各政黨前此固已表示其政見，從種種方面立論，謂臨時國都地點應在北京。吾人爲國利民福，故自問可質天日，雖有人揑電津粤，妄肆譏誣，我同業及各政黨詎遂自弃天職，甘作寒蟬？况政府諸公固事事采取輿論，未嘗受彼僉壬之簧惑乎？指導監督，人各有責，当此千鈞一髪之際，幸勿輕輕放過也。

心理上之針砭談

新紀元三月廿九日《民立報》

内地多一番變亂，上海即多一番擁擠。居内地者，别無弭亂之策，而惟以避地上海爲法門；旅上海者，亦不求恤鄰之方，而惟以未居内地爲得計。洋場十里，真今日東南惟一之樂土矣。

抑知内亂不已，國且滅亡，亡國之奴，何適而可？吾人幸居海上，得一日之安，苟欲長享幸福，此種隔岸觀火之心理，不可不亟有以去之也。

姚榮澤案

新紀元三月三十日《民立報》

周、阮二君之慘死，本社首爲披露。後以姚已解滬，案須公判，法律自有平反之功，故不復有所論列，然未嘗一日忘此事也。今日開庭續審，審判程序或可終了，乃及此未判决之前，以一言爲陪審諸君告，則周、阮二君决非土匪是也。

周、阮皆有心人也，他事姑不論，論其與本社有關係者。《民吁報》被封時，周君匍匐社門前，號泣致吊；阮君時投稿本報，哀感頑艷，悱惻動人，或指斥貪官酷吏，則又義憤溢言外。觀人必於其微，曾謂土匪而能是乎？姚以土匪誣二君，知二君之非土匪，則於此案之冤抑思過半矣。

伍總長述外國法家之言，謂未經裁判所判决指爲有罪之人，不得謂之有罪，此言誠是也。然天下固有罪狀顯著，人所共曉，特以尊重法律上之權限，不得不經過裁判所之手續者。以是而論姚案，其結果不已可推見哉！

值得不值得

新紀元三月卅一日《民立報》

自蘇逃來之乱兵，昨日已有在南門外槍斃者。若曹想發横財，乃横財不可得，且并其性命而斷送之。可憐！可憐！

吾願今日之想發横財不要性命者，仔細替這乱兵想一想：值得不值得？

先務之急務

新紀元四月四日《民立報》

政府成立，國都確定，大局已稍稍進步，此後政策之施設，惟在提綱振領。内而整飭財政，拯億兆同胞之困窮；外而敏活外交，速世界列强之承認——此稍明大勢者所共知也。

然今日零零碎碎之警耗，頗足攪乱大局而有餘，此非同心協力。蠲弃小嫌，恪守範圍，申明綱紀，使軍安於伍，民復其業，終無以蘇生計而戢戎心，然則先務之急，誠無逾於此已。

再論姚榮澤案

新紀元四月五日《民立報》

姚榮澤一案，既證明爲故殺，依據法律判決死刑，在司讞者未嘗存慘刻之心，而受刑者亦豈当有怨尤之念？今猶許陪審員籲懇總統貸其一死，哀矜勿喜之情至矣盡矣，蔑以加矣。

惟民國初建，水懦民頑，人人有藐視法律之心，而執權勢者尤草菅人命。嚴申綱紀猶虞勿濟，法外施仁恐非其時。記者謂，陪審員即爲之請求，大總統亦未必裁，可謂予不信，請觀其後。

帽之研究

新紀元四月六日《民立報》

剪髮不易服，知其義者猶多；若剪髮不易帽，則十人中無一二信者。一若既經剪髮，非戴一不中不西之哈脱，無以免世人姍笑，是可异也。

戴一不中不西之哈脱而途遇知交，輒頷首拱手，不知脱帽爲禮。甚者峨冠巍巍，周旋於燕室、巨厦之内，識者方爲齒冷，而若曹不自覺也。

戴本國帽有数善焉：價格低廉，一也；漏巵堵塞，二也；不習西禮者可免脱帽之繁擾，三也。故無易服之必於者，亦無易帽之必要。愛國貨者以爲何如？

陳玉麟被捕事

新紀元四月七日《民立報》

陳玉麟匿迹租界，藏身至固，固萬不料有被捕之一日。即滬軍政府與公共捕房亦豈能逆料及此？故捕人者未嘗奉軍府之命令，而租界探捕密布，亦竟聽其駕車長驅而去，此其失察，維均爲吾人所不欲論及者也。至捕人者之命意如何，則當不外嫉惡、喜功之二念交戰於中，初未嘗就法理、主權各方面審慎籌思，意其電告柏軍亦必混稱已捕，而不明言其捕於何地。君子可欺以其方，此其責亦當由捕人者獨尸之也。小不忍則乱大謀，願自任緝捕者共識此言。天下之惡一也，尤望各友邦領事深知斯義。

取締保辮黨人

新紀元四月八日《民立報》

南洋函，革命軍興以來，華僑皆已剪辮，惟少数下流社會猶有以翹豚尾爲榮者。近日上中社會乃創爲取締之法，未剪辮者概不與之貿易云云。此法甚善，吾上海人亟宜效之。

惟上海之未剪辮者，不僅下流人有之，彼逃官財虜亦多保辮黨人。此宜一律擯弃，無論何項，商店概不接待，即東洋車夫之已剪辮者於此等人亦當拒絶。社會種種，各有其明者昧者，互相警策，而天下事無不改良，寧獨一髮辮云乎哉。

良工自助鑒

新紀元四月九日《民立報》

求新廠工人以五閱月省下之紙烟錢，製成極精良之剪髮器，擯除惡習，挽回利權，工人名其器曰『愛國剪髮刀』，記者論其事曰『良工自助鑒』。

惟自助能助人，故求新廠工人能以新機貢獻於國民。惟自助者人当助之，故我國民当争購此『愛國剪髮刀』，以勉我良工之益益進步。

財政痛言

新紀元四月十日《民立報》

陳君錦濤縷陳財政困難情形，終引英財政家巴斯他薄之説，謂『無良好政治，無良好財政』。痛哉是言！行政官之自責，可謂至矣！

記者則欲爲國民更進一解，曰：『無良好之民德，必無良好之財政。』以今日滬上言之，軍需之竭蹶，商業之疲敝，人所共知，而逃官財虜猶甘以三厘、四厘之利息，存款於外國銀行，絶不肯購年息七厘之公債票或商業股票，以致國家社會均有徬徨仰屋之象。政府負國民歟？國民負政府歟？誠能各自痛責，互相輔助，則國事猶有可爲也。

持平者果如是乎

新紀元四月十一日《民立報》

陳仲瑀被捕，馬夫誠有串誘之嫌疑，然據證人郭仲明供稱，当時人衆不能記憶其是否動手，又據馬夫張阿來、沈來元所供，謂并不知雇車人之姓氏。是證人既未能指實，而被告亦絶不承認。揆之各文明國法律，似未可率爾定讞，而張、沈則已判押一年半或一年矣。

溯領事裁判權之原始，固由西人謂我國刑法太重，審判法尤不文明。吾意西人尊重人權，必不以己所勿欲者待人，若不俟供證確鑿而判罪，則與以三木誅求口供者相去幾何？

或謂租界審理華人案件向來如此，子亦少所見而多所怪耳，況捕房或別有秘密確證爲訪員所不及知者乎？果爾，則記者爲失言已。

軍人愛我

新紀元四月十二日《民立報》

光復以來，滬地始終寧謐。雖前此謡諑紛起，亦由奸徒鼓煽，軍人固絶無擾乱之行爲，即王有常家劫案，今兹獲犯亦訊與軍界無關。然則我滬軍之守法衛國、顧惜名譽，固人人所共見，尤人人所共望，其永矢不渝者矣。長官縱易，天職不變。滬都督府雖不日撤銷，然軍界同人之守法衛國、顧惜名譽，决不爲之稍減，况陳都督臨别贈言尤以此諄諄誥誡乎！敬告滬上居民，軍人愛我，可以高枕而卧矣。

情罪果相當乎

新紀元四月十三日《民立報》

陳仲瑀被捕案，馬夫獲罪甚重，記者前論此事，第言其供證不確也。然即令供證確鑿而判押西牢一年至一年半，其情罪果相當與否，亦令人不能無疑也。文明國之審判，其判决之宣告恒援引法律正文，以示裁判官之并無成見。今會審公堂之訊案，實不知其根據何種法律，往往同一案件甲乙受罪迥殊，其判决輕重一視問官之喜怒以爲衡。以此案論之，誘捕之事自有主謀之人，馬夫縱有不合，何至受一年以上之有期徒刑？記者不敏，未審各文明國之法律是否如此，想痛詆我國刑法不良之西人必當有以教我也。

團體聯合義振會

新紀元四月十四日載於《民立報》

江浙皖贛等省灾民百萬，嗷嗷待哺。海上二十餘團體發起聯合義振會，以輔華洋義振會之不足。記者尤望旅滬全體商民共發慈悲，慷慨輸助，以輔團體聯合義賑會之不足也。

物力艱難，勸捐已成弩末。今聯合義賑會得唐少川總理之命，以政府名義舉辦臨時公債票，政府擔任利息，款項悉撥振捐。此與勸捐不同，今日可振救灾民，异時仍收回款項，慈善貯蓄，一舉兩得，苟有人心，当不漠然視之而仍效守財虜之寄款外國銀行矣。

送唐總理

新紀元四月十五日載於《民立報》

唐少川總理偕同財政、教育、農林各長定今晚乘新昌船北上。前此國人種種誤解，或謂南中黨派争持，或謂軍隊護送北上。今而後，其可以盡釋矣。

然國人之誤解，仍由希望總理之殷而起。今總理北上矣，其有以慰國人之望而拯吾國於顛危之域乎？記者敬拭目以俟矣。

洋涇浜

新紀元四月十七日載於《民立報》

洋涇浜年久失修，積穢淤滯，春回日暖，臭氣蒸騰，匪特行人掩鼻而過，即記者伏案執筆，亦時覺穢惡之氣隨風而至。而公共租界與法租界之工部局兩不問也，而安居於洋涇浜一帶之納税人亦不言也。

市政以衛生爲最要，公衆衛生爲最要。公衆衛生不善，市民皆有要求市政廳改良之權。而租界中之納税西人固鮮居於洋涇浜一帶者，若華人則又無從建言於納税西人之會議。記者推想及此，乃望兩工部局之注意公衆衛生，尤深願旅居租界華人之注意選舉權利也。

哀哉，不學之社會

新紀元四月十八日載於《民立報》

以社會不好學之故，而所用者亦多不學之人。故雖中學校卒業，學生或至無尋常職業可就，而畢業於高等小學者，欲厠身於商工社會，其難尤若階天而升。豈吾國人才已不可勝用歟？毋亦不學之社會與？學者若薰蕕之不相投也。

此其關係甚大。舊習不除，新智難進，社會既永無改良之望，而學無所用，尤無以獎勸中人向學之心。

故青年子弟酣嬉游蕩，比比皆是，逮其圖謀職業，則仍不外運動工。夫海上爲文明淵藪，而社會現象如是，可哀也！

記者因有感於王君之投函而作斯語，世之覽者，其更有感於斯語否耶？

廣告與國貨

新紀元四月十九日載於《民立報》

吾國商人不知廣告之效用，雖有推陳出新之品足與舶來品競争，而以吝惜戔戔之廣告費，無以入世人之目而引起其購求之心，終至行銷不暢，良可惜也。

即如自製草帽，本報一再提倡，而海上雖有自製草帽之公司，其登廣告甚少，愛國貨者無由問津。又如愛國剪髮機，記者特爲評紹介，而各報廣告中乃僅見日本剪髮刀之價格與購所。夫廣告之效用甚大，東西洋貨之盛銷於我國，其始亦多藉廣告之力。吾上海最開通之工商，其能留意及此乎？則國貨庶有推行之一日也。

問上海電政局

新紀元四月二十日載於《民立報》

上海電政局所發出之新聞發電執照，在北方諸省至今無效，照中注明在滬局結算者，仍須兑付現金。不圖南北統一已久，而交通事業猶區分畛域，始終梗阻如此。

主持北方電政之人，其居心之不可問，當爲國人所共斥。吾尤怪上海電政局前此對於東南光復諸省力執總攬電政之權，而今日對於北方電局，獨未聞發一言以折之，其故安在？敢問。

宋漢章案感言

壬子年三月五日（新紀元陽曆四月廿一日）載於《民立報》

大清銀行帳目，甫经清查，已露弊混。至以編號列籍之簿，據而任意撕去三頁，非有萬不可對人言者，何至冒險如此。此一篇糊塗帳，何從再查，亦何必再查！即以此罪宋漢章，宋漢章亦何說之辭。

吾國商人之信德，本環球所稱。自官商相混，或者官督商辦，或者官商合辦，以官場之衣鉢用之商界，以官爲實，而以商爲名，其計弥工，其術弥巧，流毒所播，凡巨商均帶官氣而吾國實業無一事可爲矣。民國初立，首正官邪，此種官氣之商人均宜爲社會所擯弃。宋漢章案，其小焉者也。

蔡乃煌聽者

新紀元陽四月廿二日載於《民立報》

蔡乃煌放上海道時，有老京曹語余，謂此公数年前即以上海道自命，今果得之，不能不服其神通。余聞其語未以爲然，以清政府之貪婪昏瞶，果有黄白物相享，又何求而不得者。

今蔡乃煌又百計運動，思接辦滬關，捲土重來，其胆不爲不大。庯詎知民國成立，光天化日之下，豈容鬼魅現形！即令袁總統效尤亡清，甘拂人性，而以今日民氣之盛，滬人士何難投爾於豺虎乎？寄語蔡乃煌，彼一時此一時，其速銷聲匿迹，勿效端老四以八萬金運動鐵路督辦，轉送却一條狗命也！

敬謝外人

新紀元四月二十四日載於《民立報》

合上海官商之保證，其效力不能與五千銀元相較，試問外人心目中尚有我旅滬人士在否？尚有我中華民國在否？願同胞細細思之，時時記之。

忍尤攘詬，卧薪嘗膽，有心人久當以此自勵。而今日之事尤爲我痛下針砭，敬謝外人；又予我以一良好之教訓，使知國權不振，其痛苦如此如此也。

爲民國除此污點

新紀元四月廿五日載於《民立報》

民國成立已久，而垂髮辮者尚多，此種人固未知髮辮之痛史如何者，非必有心反對共和也。故其事可惡，其情可憐。

然使長此姑息，爲民國留此污點，轉非愛人以德之道，故亟宜明定懲戒之法，而以通俗教育輔助之。特所謂懲戒之法當以警吏執行之，而於軍人必無與耳。

或疑租界非吾人完全法權所及，則將奈何？不知西人譏刺髮辮甚至，吾果明定法律咨請執行，彼必不强拂國交，出而反對。若以水懦民頑之故長留污點，恐轉爲西人所竊笑也。

政黨之進步

新紀元四月廿六日載於《民立報》

今之政客集於海上，黨幟分樹，無慮十数。人才以散而愈寡，意見以雜而愈歧，則有一人而入兩黨以上者，有擁戴本未入黨之人爲黨魁者，更有攻訐异黨個人之陰私爲快事者——非溝而通之，大而化之政黨。政黨之名詞又將爲社會所詬病矣。

本報於正月十日曾著論以質國民，謂上海何故發生多数之黨派乎，彼時國民未有以答我也。兩月以來，悲象迭見，明哲之士遽然覺悟，各政黨互相商榷，提議合并，近已漸有端倪矣。自今以往，二三大政黨爲規律之争競，標特异之黨綱，其庶可有真實之政見，而共謀一致之進行乎。

吾爲此懼

新紀元四月廿七日《民立報》

不購年息七厘之公債票，而以三厘四厘之息存款於外國銀行，外國即以此款貸借於我國政府，而得年息六厘或七厘，又加以九四或九五扣焉。今人言經濟政策可制人國之死命，若我今日所爲，則直授刃於人，以使之殺我而已。

國家公債無應者！地方公債無應者！！甚至義賑公債亦無應者！！！彼蓋不知公債之性質與效用，於公有益，而於私無損也。彼又不知國家所發行之公債票，非至亡國之日，必不失其效力。而果爲無國之國民，則終無術以保其財産也。彼又不知人民不肯購買公債票，使政府不得不出於借債之一途，國民之負擔將愈重，而國家之危險且亦甚也。吾觀於殷富麇集之上海，捨借債亦無以自救，而益爲此懼矣。

租界中之髮辮

新紀元四月廿八日《民立報》

以租界爲亡清官吏之樂郊，猶可言也；以租界爲亡清髮辮之逋逃藪，不可説也。

西人之姍笑髮辮，匪伊朝夕。今獨何心而必代保辮黨，張其氣焰？吾意西人本意固欲協助民國除此污点，特以租界而外垂辮者尚夥，故猶有所待。果華界能嚴定警律，一律剪除，而不以此啓無謂之争擾，租界必能協力禁止。憶前此禁烟問題發生之際，租界始甚遲疑，及華界烟館一律勒閉，而租界即以嚴厲之手段继續進行。固知惡惡之心中外同具，吾人幸勿以一時之阻撓自餒其鋭氣也。

敬問伍先生

新紀元四月廿九日《民立報》

宋漢章已釋，而伍秩庸先生與陳都督兩方之辯論至今未已。甚矣，先生之尊重法律也。然先生尊重法律尤當尊重國權。先生聞宋漢章之案，先生獨不聞刘福彪之案乎？以先生績學碩望，長於交涉，爲中外人所欽仰，當刘福彪被捕時，吾意先生必以私人之資格馳書工部局及領事團據理力争，而胡乃寂寂無聞？意者先生有是書而記者不及知歟？若於本國人則百端訾議，而於异國人則一味緘默，以尋常人之所爲，非所望於先生也。記者不敏，窃有所疑，願先生有以教之。

黄金毒

新紀元四月三十日《民立報》

吴榮泰可惡！

吴渭川可惜！

吴榮泰擁資三十萬，無惡不作，迨案發被捕猶以此咆哮於公庭。黄金之毒，於此爲甚。吴渭川多財，爲累病革之際，托其妻及單契於小萬柳堂主人，可謂有先見之明，獨惜其不肯捐助資産辦社會公益事業，如楊斯盛君之創立浦東中学堂。

記者曰：相續制不可不改良，遺産税不可不提倡，社會教育不可不推廣。否則，黄金毒將弥漫於人心而不可救藥。

剪辮法

新紀元五月二日《民立報》

至今日而猶保存髮辮，捨强迫手段外，更有何法對付？然此强迫手段必當以法律之規定執行之，而非可以個人之敕執行之，此中分際有萬不容不明辨者也。

記者前論剪辮，謂當以嚴重之法律付警吏執行，而必於軍人無與。夫軍人且無與，更何有於商團？今而後宜明定警章，蓄辮者由警吏代剪，不願剪者拘局罰銀。非警吏而强人剪辮者，罰亦如之。

上海之禁烟談

新紀元五月三日《民立報》

避居滬地之富家翁，自浙省來者多稱道滬地之自由不置，以浙省禁烟嚴厲，而上海則儘有吞雲吐霧之自由也。

鼓吹禁烟之團體，舍美儒丁義華君所創之萬國改良會外，亦闃寂無聞。吾國人不自覺，而英人已疑吾國上下之無心禁烟矣。

吾上海之政團讀今日之路透電，而無羞惡之心者，非人也！

取締《欠租新章》

新紀元五月四日《民立報》

欠租封門之初意必以房金積欠過多，房客已無力清繳，而後以强制之方法使之出屋，又或拍賣其所有以弥補積欠也。然非三個月以後，必不足以證明房客之已無力清繳，故舊例以三月爲限，論者稱之。且緩急，人之所時有也。中人之家自食其力，以天時人事之相緣，豈必無意外之損失以影響其暫時之生計？假以時日，或不難從容籌措回復其信用。苟於三月之期猶迫不及待而乘人之危，使一有緩急無可自救，非仁人所忍出也。

今根據千九百七年之舊章重頒新示，雖未明定欠租若干月發封之條，吾之各房主必不違反相沿之習慣，以惹起旅人之惡感焉。

仇殺案之索隱

新紀元五月五日《民立報》

暗殺之案，租界中亦屢見矣，而未有明目張膽爲殺人放火之行如今日丁氏之案者。不要錢衹要命，其爲仇殺明甚。丁氏主人未死，探捕因而詢之，或有綫索可得。丁氏曾任提鎮，又擁有巨資，以常理衡之，或緣濫用威權，或緣慳嗇太過，施者懵然不之覺，而受者乃以戕身覆家爲快。記者於此深嘆怨毒之於人爲甚，而權利爲物之不祥也。貪官財虜以租界爲安樂窩，覩丁氏案當不寒而栗。然匪徒猖狂至此，亦豈社會之福？此案不破，行見遍地荆棘矣。

傷心之商業史

新紀元五月六日《民立報》

金價跌米價漲。

金價之跌，以外國將有大借款輸入也。米價之漲，以有人囤積居奇，或販運出口以爲利也。金價跌，將來歸還借款時金貴銀賤，吾民當以膏血填外人之欲壑。米價漲，此日青黄不接時，米貴錢荒，吾民先以膏血填奸商之欲壑。

此上海今日傷心之商業史也。國民，國民，奈之何其不覺悟！

國民自救

新紀元五月七日《民立報》

借債爲生死問題，非利害問題。然借債而出於監督財政，使吾民萬劫不復，則寧有死而已。且瞑眩之藥今已有明示我者，國民果誠求之，雖借債不成，或猶不至於死。國民捐也，民國公債票也，皆起死回生之良藥也。政界則沈君翔雲爲之，先學界則兵工學堂開其緒。人孰不愛其國者，當此生死關頭，吾知各界必急起直追，以共圖救亡之長策矣。

跑馬廳之風頭，立夏節之花酒，吾不敢以醉生夢死目之。然死借債不成，國民又無以自救，明年今日恐與公等相見於枯魚之肆耳。痛哉！痛哉！

國民自救（二）

新紀元五月八日《民立報》

丁槐多財爲累，其子被殺，其家被焚，所餘者灰燼中之金葉、金飾、金銀耳。使日購買公債票，既以救國，亦以自救，又何致家破人亡至此？吾願一般富翁猛省。

國民捐雖有人提倡，然兹事體大，非各方面合力進行，斷難有效。海上政黨林立，黨員尤衆，似宜由各黨號召黨員先量力輸捐，今同盟會已研究國民捐進行方法矣，吾願一般政黨速起。

异哉，《新聞報》記者

新紀元五月九日《民立報》

异哉，《新聞報》記者！已不欲捐助國民捐則亦已矣，又爲詖辭以淆惑國民，且更自居於危言讜論之列焉。

國民捐者，國民自身之提倡，而决非各省都督所提倡也（黄君克强雖通電發起，當黄君實立於國民之地位而爲此言）。《新聞報》謂『國民以血汗錢供諸公揮霍，諸公今又倡國民捐』，其厚誣國民實甚！國民捐者，又當任國民良心之輸助，而决非各省都督所可强迫也。《新聞報》謂『威逼富紳使避匿租界，則國民捐不過内地窮民被其逼勒』，如不知國民捐萬無逼勒之理，是爲不智；知之而厚誣之，則不解其是誠何心？

國民有監督政府之權，此預算、决算，議會自負其責任，乃不言正當監督之法，而特爲離奇怪誕之詞，所謂宣誓云云於事實上果能行否？且既不信任又焉用此宣誓之空言爲？一言以蔽之，則明知此種辦法無實行之一日，即可使國民捐亦永無成就之一日而已。

《新聞報》既痛言『以國民之血汗錢爲諸公强盗之用』，是府各處軍府人人爲此，何不將其姓氏及實據一一登載？又報紙監督政府之責不自今日始，國民捐未提倡之前，《新聞報》既有所得，何以默無一言，至今日而始大放厥辭？此記者所爲百思不得其解者也。

記者不好與人争閑氣，所以嘵嘵言此者，非與《新聞報》辨論，亦非爲軍政府辨護，乃願上海人讀報者，勿將此幾希之愛國心爲之冰冷耳。

軍隊之駐扎地

新紀元五月十日《民立報》

學校、會館、專祠，皆非駐兵之地。當軍民起義時，倉卒無所棲止，變通駐扎本非得已。今大局已定，猶不早爲之，所於社會公益事既大有阻礙，即軍事上之風紀與衛生，亦必難期完善。吴淞中國公學因軍隊盤踞之故，不能開課；復旦公學舊址未還，新撥之李公祠亦未騰出，至不得已而賃屋開辦——此皆言之痛心者，願當局亟注意於斯也。

紙烟復活之負責者

新紀元五月十一日《民立報》

紙烟之流毒，論者亦既愷切言之。當去歲七八月之交，滬人士頗有一致戒絶之慨。不謂民國成立，烟毒復熾！雖言者猶是諄諄，而聽者忽視藐藐。新民國之新國民乃前清士大夫之不若耶？興言及此，今之軍政兩界不能不負其責矣。蓋今之握政權、操兵柄者多昔日所謂志士，而以記者所目擊殆無不與紙烟爲緣。志士爲此，他何責焉？或曰：『吸紙烟亦有癮，戒之誠難。』夫今之軍政界諸公，固皆以捨身救國自命者也，身不捨而烟癮不可除，其所謂捨身者，可知矣。悲夫！悲夫！

維持民食之危言

新紀元五月十二日《民立報》

滬人苦米貴久矣！每至青黄不接之際，米貴米貴之聲輒不絶於耳，然尚未有如今歲春夏之交即已蹙額相告語者。

旬日之間，步步飛漲，每石已至十元有零。雖原因甚多，而人口之麇集實爲昔所未有。求過於供，以生計學之原理論之，其昂貴恐尚未已也。

尤有可危者，大江南北災區甚廣，春賑未徧，收穫無望。而未被荒歉之處，人亦多陷於悲境，輟耕而嬉者甚衆。今歲米之出産必視往日爲絀，前途茫茫，維持民食者不可不備之於豫。尤願滬人士節衣儉食，省却閑嫖浪賭之資，以其有餘補其不足。如能推惠窮黎，共籌普濟，則尤記者所馨香禱祝者已。

四日中之生死關頭

新紀元五月十三日《民立報》

上海國民捐大會將以五月十七日舉行，距今日僅四日耳。四日以後，收款機關即可成立。則此四日中當少吃幾臺花酒，少買幾樣洋貨，大家均預備些錢，彼時可踴躍呈繳。留得青山在，不愁没柴燒，此四日中光陰切勿容易放過。

有錢的向外國銀行提回存款，無錢的也節衣儉食，或向親友借貸，或把不急之物典賣。等得收款機關成立，兩三天内便集成千百萬的巨款，這纔可以表見我上海人的愛國心，爲全國國民立個榜樣。上海人勉旃，我國生死關頭就在這四天内的努力不努力了！

上海人

新紀元五月十四日《民立報》

黄君漢興以記者昨論國民捐有上海人云云，因投書本社，詢上海國民捐之機關部是否衹限於上海人一部份，而終言今日千鈞一髪，當合旅居上海之各省人爲一大團合群力以集事。黄君之言，記者所深佩也，然黄君於記者原文却有誤會之處。

記者所謂上海人，與一般人所謂上海人不同，一般人所論上海人者，其概念僅爲上海之土著；記者所謂上海人者，其概念實爲上海之市民。市民者，合土著與寄居者而言之也。今日文明諸國所謂紐約人、倫敦人、巴黎人者，必非指紐約、倫敦、巴黎之土著可知也。

此中區别，關係至大，欲言其詳，非本欄所許。然吾國今日亟當破除村落思想，而非先改良所謂『某處人』之一名詞，則此望終不得達。偶因黄君之問略抒所見，願先與上海人一商榷焉。

犧牲的精神

新紀元五月十五日《民立報》

黄花岡七十二烈士曷爲而死？爲祖國而死，爲同胞而死也。黄花岡殉義之周年，上海曷爲而有追悼大會？同胞之後死者不忍七十二烈士之死，願以烈士之心爲心，以共救祖國也。七十二烈士以犧牲的精神捐軀殉國，忠義信實，肝胆頭顱，吾輩觀此，尚何争奪權力之有？尚何顧惜財産之有？果人人能有此犧牲的精神，消除個人私利，踴躍贊助國民捐，使中華民國永永生存，則七十二烈士爲不徒死矣，則今日之追悼大會爲不虚設矣。

米業争論平議

新紀元五月十六日《民立報》

滬地米價翔貴，衡以經濟學供求相劑之原理，亟當於他處設法采運，果采運者之母財非出於公家之資本，則其贏利幾何，他人殊不應過問。蓋今日之事，方當歆以贏利使供者爭趨，果供過於求而價且鋭減，此稍明經濟學者所能知也。

然此非所論於有特殊之情事者，今日采米於他省，果爲真正之自由貿易與純粹之商業競爭乎？抑采運限以定額，并含有公家特許之性質乎？由前之説則權利所宜享也，由後之説則壟斷無可諱也。明乎此，可以論仁穀堂與永慎和之争矣。

或謂此項贏利，永慎和義不獨私，將即以移助平糶之用，仁穀堂争之太早耳。記者曰：果如是，則永慎和義聲震滬瀆矣。

愛國自願捐

新紀元五月十七《民立報》

愛國自願捐與國民捐，是一？是二？敢問。

愛國自願捐簡章，既據呈請中央政府核奪，現在開收捐款是否已邀准議？敢問。

上海國民捐大會定今日集議收款機關辦法，愛國自願捐，何以不待協商？敢問。

記者之爲此語，非有所不慊於協濟會諸公也。協濟會諸公可信，而將有继協濟會諸公而起者未可盡信也。故國民捐之名目祇可從同，不可立异；徵收國民捐之機關亦祇可有一，不可有二。

然以愛國自願捐諸公之熱心，吾知必能於收款之日按數轉交國民捐總機關，以昭大信也。

昨日之新舞臺與大舞臺

新紀元五月十八日《民立報》

昨日之新舞臺與昨日之大舞臺較，其人數之多寡如何，上海人當自知之。論此事者，其説不一，有謂上海人非無錢，特此錢必於看跑馬、看好戲用之者。有謂新舞臺之會不過討論國民捐辦法，非即當場徵收國民捐，不如大舞臺看戲，即可助成伶界聯合會之美舉。捨此而就彼，固有道存，若至開募國民捐之日，上海人之踴躍而至，必有視昨日大舞臺爲盛者。此二説之是非，記者不敢知，敬還以問之上海人。

共和國之健兒

新紀元五月十九日《民立報》

共和成立，正志士效力之秋。前此草澤英雄，抵抗虐政，在專制政府視爲逆徒，在共和國民當引爲良友，然必草澤英雄自有願爲良友之志而後可。此太華山主劉彬之所爲不可及也。繳銷票布，解散黨徒，太華風雲會合，而滬濱海波不驚。吾知滬人士必共歡迎劉君，尤願劉君益自建樹，維持治安，勉爲共和國之真正健兒，以爲各地健兒模範也。

早一日好一日

新紀元五月二十日《民立報》

上海國民捐辦法，磋商復磋商鄭復重，而墊款條約已議定矣，而華洋稽核員已擬派矣。初一日之國民捐大會，事前既有準備，臨事復多討論。方冀一星期内捐券印成即可開募，不謂兩日以後，尚有續開大會之布告，而訂期且未確定。生死關頭尚拘泥此咬文嚼字之習，使渴望繳款者又爲失望，引領翹盼，未卜何日。是誰之過歟？

往者不諫，來者可追。望主持者從速通告開會，望熱心者從速籌議善法。少説閑話，少争意氣，早一日好一日也。

昏百姓（一）

新紀元五月二十一日《民立報》

昏百姓者，吴君稚暉所創之新名詞也。奇警而正確，讀之令人傷心。

昏百姓之多，以上海爲最。即如清后移宫一事，猶有爲之鳴不平者，寧非可异。

清室退居頤和園，載在《優待條件》，主張移宫，正所以保全清后，何謂刻薄？而其他臣僕云云、名分云云，種種奴隸謬詞，真不復知人間有羞恥事者。

此種言論殆昏百姓之代表，而猶有此種言論相周旋者，則亦適成其爲昏百姓而已矣。

昏百姓（其二）

二十三日《民立報》

徘徊乎公園之門，躑躅乎競馬之場，仰鼻息於匯豐、正金之銀行，受指揮於印度、安南之警吏……有心人處此，正無限傷心無限恨，而昏百姓不覺也，彼方以上海爲安樂窩、繁華地也。

軍興以來，前清民賊如瑞徵之流窮無所歸，遁而匿迹租界，亦固其所。不謂清白良民，亦多輦金疾馳來托庇於外人治權之下，彼其意以爲安居内地身命財産且不保。然試返視，其故鄉父老安享田園之樂，今昔無少殊者，亦復何限？即如一月以前上海謡言忽起一般，糊塗蟲紛紛自城内或南市移住租界，而今果何如？遷居之上海人固依然無恙也。諸公静思，亦無以自解於昏百姓之徵號矣。

此種病根由於國民全體自己不能相信。果相信自己者，即不信爲公僕之官吏，亦且無保衛自己之方，而必以托庇外人爲快乎。人而至自己不能相信，其爲昏百姓如何？嗟乎！諸公可以歸矣，幸留些面目，爲异日見江東父老之預備也。

昏百姓（其三）

二十五日《民立報》

今日上海商民之心理，與去歲東（西）［南］光復時稍异，故對於國民捐事亦不如捐餉之踴躍。考其由來，則以今日商業之敗壞歸咎於革命，以爲革命革命者，非革滿清之命，而革吾儕商民之命也。嗟乎！諸公誤矣！誤矣！凡論事必探求其真因，而不得拘泥於事發後之情狀。今日商業之敗壞何，一非滿清階之厲者。即如重徵厘金、輕收關税一事，已足使華商着着失敗、洋商着着優勝，以絶我商務之生機。而况幣制之紊亂，賠款之繁多，貪官污吏之敲骨吸髓，我商民無一不吃滿清之虧乎？使今日而猶不革命，商民乃真憔悴乾枯以死。不如服一劑下藥，瀉盡内邪，此時腹痛神疲，後日即可恢復正氣也。

諸公以拘墟之見，不如商業敗壞之咎在滿清，而遽以目前之損失灰其信仰革命之初心，豈真欲自居於昏百姓之列乎？吾知諸公必幡然悟矣。

昏百姓（其四）

五月三十日《民立報》

商業敗壞之咎在滿清而於革命軍無與，余已詳言之矣。然一般之人心理，尚有謂『非革命則吾曹猶得一日之安居，而必無近日鼙鼓聲聲現象』者。嗚呼！此亦昏百姓之見解也。

諸公未讀我國歷史乎？秦漢以來，專制藴毒，國無數十年而不小亂，數百年而不大亂者。爲問此次革命軍不起，以滿清之無道，能保無草莽英雄之竊發乎？歷代鼎革之際，其紛擾恒數十年而後定，死亡枕藉，城邑爲墟，能有如此次義軍交相謙讓，不半載而新政府成立者乎？然則革命之保全諸公者，大矣！

世界未至大同之一日，必不能盡人皆君子。革命軍起，或有一二小人濫厠其間，以爲全群之玷，然論者當見其大，尤當慎爲分别。須知此次革命其無形中之保全爲甚大，必舉一二人之過失醜詆革命，以迎合淺薄社會之心理，是真『以其昏昏，使人昭昭』也，雖欲不謂爲昏百姓而不得矣。

昏百姓（其五）

六月二日《民立報》

當戰争擾攘之際，有破壞而無建設。擁資者徘徊海上，出私財以存諸外國銀行，雖甚無識，猶不出於情理之外。今則新政府成立已久，秩序見復，百廢待舉，新民國之公債票將與民國同其命運，又何憚而不踴躍應募？若以昭信票之覆轍來相詆諆，則彼爲滿清政府之事，與新民國何涉？必并爲一談，以不信任滿清政府者不信任中華民國政府，則真昏百姓之尤者矣。

今之人多以外人不承認民國爲懼，記者則深以昏百姓不承認民國爲懼。外人之不承認，全由於昏百姓之不承認也。彼至今猶存款於外國銀行，其心中甘自認爲外人之奴隸，而不樂自認爲民國之主人。夫至以本國人而不承認本國政府，尚得爲有人心乎哉？尚得爲有人心乎哉！

新民國之巧吏

新紀元五月二十二日《民立報》

姚榮澤之免死減等論者，已不一其詞，然猶謂減死刑一等，實爲無期徒刑，人而終身失其自由，亦稍足寒民賊之膽。不謂減而復減，僅處監禁十年之罪，輕輕幾筆偷過數關，新民國之巧吏蓋不讓專制時代之猾胥也。

且昔之斷爲故殺，處以死刑，陳、蔡、丁三承審官之判決，其理由極爲明晰，今猶是承審官，而一再減等，不聞有一言之根據法理、援引法文，率爾定案，漫然咨請，其輕率一至於此。此中綫索在旁觀不明其故，而當局由自居於文明審判之美名，謚之以新民國之巧吏，豈曰過哉？

可痛，可惱，可怪

新紀元五月廿四日《民立報》

吾人方倡共和國無報律之説，而捕房遽以鼓吹殺人之含混字樣拘捕《民權報》記者，還講什麼言論自由？

真是可痛！

會審公堂尚有一中華民國之會審委員，乃遽徇捕房之請拘捕記者，且不用傳單而用提票，更是可惱！

一記者入獄而下按語者，遽爲軟化於外人之口吻，各國尚未承認云云，一若外人固不必尊重民國政府者，此非該記者危言救國之初心也，失於檢點，也是可怪。

然論者之急不暇擇，吾人當爲之原諒。若捕房之無故干涉，與會審員之有心媚外，則真百思而不得其故矣！

紀念大學校

新紀元五月廿六日《民立報》

在昔荷蘭獨立，西班牙人以重兵鎮壓，來丁城首當其衝，被圍甚久，而來丁人不屈，誓與城俱亡，班軍卒退去。荷蘭各州嘉其義，相與醵資建大學以紀念之，至於今來丁大學爲世界著名大學之一。

民國成立，社會不欲爲永久之紀念則已，苟其欲之，莫如立紀念學校。其利薄，其效速，其規模久遠，英雄之真精神得直接貫輸於青年之腦海，非專祠銅像僅一二人之紀念，且衹足爲間接之觀感者可比也。

上海當江海要衝，運兵轉漕，於東南大局關係至巨。而商民捐餉之踴躍，其好義尤不可没。誠當合群力以建築大學，作一共同永久之紀念，以爲各地紀念學校者之倡。記者不敏，敬發其凡，海上父老如表同情，幸共圖之。

破工夫今日早些來

新紀元五月廿七日《民立報》

我觀賽珍會而喜：喜天公之能做美也，喜人心之猶未死也，喜導淮修堤之觀念自是益深入於同胞之腦海也。

我觀賽珍會而懼：懼江皖灾黎數百萬而會費不足以救澈也，懼上海居民百餘萬而到會者乃僅僅此數也。

我觀賽珍會而感且愧：義賑之事，各西商如此熱心；導淮之舉，各西人如此提倡。我感谢我友邦之國民，我愧煞我同胞之兄弟。

喜也！懼也！感也！愧也！望本於希望心而生者也。我望導淮事大成功，我先望賽珍會大热鬧。

願大家破工夫今日早些來。

民權案之解决

新紀元五月廿八日《民立報》

捕房援引何種法律而控民權記者？會審公堂根據何項例案而拘提民權記者？我不知，上海人不知，即捕房與會審公堂亦不自知也。

中國人的事情講什麼法律，要如何便如何而已。外國人的命令講什麼例案，要一樣依一樣而已。外國人待人如此，中國人自待如此。

領事團若猶講文明，宜速飭捕房注銷以合言論自由之理。會審員若猶有廉耻，宜即日自劾去職，以蓋含糊遷就之愆。然而我言此，不敢必其解决果如此也。最後之解决，在我海上人之决心與團結力而已。

所要求於賽珍會者

新紀元五月廿九日《民立報》

當此市面凋敝之日，而賽珍會尚有此熱鬧景象，不可謂非差强人意之事也。

此次賽珍會辦法較去歲爲嚴密，吾知主持諸公必不詳於小節忽於大體，而能以報銷清册宣示於衆以昭大信也。

吾國人之自待

新紀元五月卅一日《民立報》

張園賽珍會之西人厠所，有『華人不准進内』之文。記者於開會之前一日即已見之，以欲爲國人留刺激也，故未向當事者饒舌而又不欲壞賽珍會之感情也，故至今乃爲國人一言之。

西人之輕我久矣，抑吾人亦實有自輕之道焉。厠所非公園比，何爲而靳吾人之入内？毋亦以吾人無公德心，又以不潔之名著耶？人必自侮而後人侮之，願國人先痛自責焉。

抑此次賽珍會所揭示，吾意必華執事所書。彼不曰『華人請勿進内』，而必曰『華人不准進内』，毋亦其買辦細崽崽之根性到處發現耶？吾國人自待如此，吾更於西人何尤？

我所望於上海市政者（一）

新紀元六月一日《民立報》

我所希望於上海市政者，第一在聯合進行合群策群力以集事，受共同之監督，定一致之方針，使任事者純然立於市民公僕之地位，而不復有前清時代紳董之習氣。故夫慈善團也，聯合學藝會也，我所絶對贊成而深祝其實事求是，以爲各地市政之模範者也。

我所望於上海市政者（其二）

六月三日《民立報》

我所希望於上海市政者，第二在通盤籌算，計劃全局之進行，而不爲枝枝節節之建設徒致耗材而廢時。即如拆城一事，既已毅然决行，即當分頭估工，同時并舉，并預計拆城後之建築方法、繪圖貼説，全局在胸，而拆城與填壕尤萬無分爲二事之理。若財力不及，可募市場公債以爲之。須知天下事一氣呵成，費省而功倍，分作數橛則消耗特多，不獨拆城事爲然也。

敬謝外人，敬問廨員

新紀元六月五日《民立報》

民國正朔，外人視之若無物。吾不暇怨外人，吾惟感外人之予我以良教訓，使（之）［知］不承認之害如此如此，尚何暇鬧黨見？尚何暇争權利？

然所謂會審官者，唯唯諾諾，事外人以妾婦之道。前此簽字拿記者，猶謂曾經力争；今日之事，一經退還即餙重縲，更不聞有一言之抗議。何也？

獨不爲民國大局計乎

新紀元六月六日《民立報》

嗚呼！今日何日？國力困敝至此！民生憔悴至此！外交困難、人心浮動至此！而我可敬可愛之軍人尚鬧意見、争面子、勇私戰、壞秩序。諸公即不爲一己名譽計，獨不爲民國大局計乎？

人孰無過，貴能改過。臨事而勇，逞一時之意氣，事過自責，以静待軍法之裁判，雖甚無狀，猶不失爲血性男兒。若復怙終飾非，以暴［濟暴］，以終爲我民國之罪人，則我國民亦必爲最後之聲討，不能復知先生之爲何許人也。

憐我主人

新紀元六月七日《民立報》

譚、陳、楊諸君於前日之事皆能深自引咎，此記者所許爲血性男兒者也。惟願諸君行必顧言，以『兄弟鬩於墻，外禦其侮』之義歸，詔同袍而申儆之。須知磊落丈夫頭可斫，血可濺，謊語不可打，國法不可違也。

國事急矣！民生苦矣！毋一再自擾啓外人蔑視之心，而以惡奴、惡僕之喧嚷，使我憔悴貧病之主人求一魂夢之安而不可得也。

廢除同鄉名稱議

新紀元六月八日《民立報》

同鄉也，同年也，同門也，於此有所同，必於彼有所异。故始爲聯絡情誼之妙用，終爲援引攀附之代名。桀黠者用以廣樹黨類，庸惰者因以依賴請托。此實我國社會之微菌物，不可不有以蕩滌之也。

同年、同門之腐敗名詞，决不能存在於民國。而所謂同鄉也者，果欲以國家爲前提而剗除村落之思想，亦不可不亟謀廢除之。鄙意此後集會，宜概以所標之宗旨及志趣爲標準，如欲研究一地方之利害問題，則凡同志者皆可與會，而必不限於某地方之籍貫。記者懷此意頗久，偶因湖南同鄉私鬥之事輒書其略，以供當世之研究。

面子

新紀元六月九日《民立報》

『面子』二字不見於經典，不著於法文，而其潛勢力極大。環中國社會，無人不争面子，無人不敷衍面子。而以社會强弱之不齊，在此所得者爲面子，而在彼所失者固不僅面子也。於是含冤忍辱、無可告語之人，乃不知其凡幾矣。

西城巡警之横被毆辱，争面子者爲之也；兵士私鬥之迄未懲辦，敷衍面子者爲之也。有面子而平等無可言，有面子而法律無所用。面子者，平等之蟊賊，法律之仇敵也。我國人而欲爲真平等國、真法治國之國民乎？不可不先去此面子二字！

敬告浙路股東

新紀元六月十日《民立報》

浙路營業，日有進步。惟以七百餘里之路綫，而僅得一千圓之股金，杭甬工程欲罷不能，欲進不得，遂有金融阻滯之狀。果得巨資接濟，前途正謂可量。竊謂各股東宜抱無窮之希望，合力以維持，不可抱消極之悲觀，叫囂以抉意也。

今日之事，最要得人，次要得款。總副理宜公舉切實負責之人，杭甬建築宜共籌趕速進行之款。且亦必有款，而後總協理不爲無米之炊。故或招股或借款或募集内債，必當平心討論，實地研究，定一相當之辦法，使總協理得相機執行，而後浙路有根本之解決。若夫發息问題徒爲維持信用起見故，不惜剜肉補瘡，移本作息，本非正當營業性質。想各股東到會之初心，亦不得此而遽饜足也。

改良會議習慣

新紀元六月十一日《民立報》

吾國公共事業之不發達，其原因甚多，而於開會議事之時無良好之習慣，亦其一也。開會時不能如時而至，一時之會議輒延至二時、三時乃集，一也。持論不據邏輯，提議不依秩序，始爲無謂之争執，終爲草率之盲從，二也。議事則交頭接耳，擾人聞聽，投票則任意填寫，或資笑柄，三也。其他缺點，偻指難數。而職員先事之預備，臨時之維持，亦多未能盡職。記者屢觀海上各大會議，而深嘆吾人議事習慣之不良也。

會議制度爲謀公益事業最要之方法，亦共和國真精神之所寄。此而不能改良，則非少數人專制即多數人聚哄耳。故必改良議事習慣，而後可得真正公意之所在。改良之道，其形式則在留意會場之秩序與經驗也，其根本則在增進個人之公德心與責任心也。

假鈔票

新紀元六月十二日《民立報》

中華銀行鈔票信用甚著，偶有假造而相率疑沮，此實吾民之善於自擾。而陳都督以是之故，即概令兑現收回，使持真票者終無損失之慮，而中華銀行之信用以是益彰著於事實，吾商民亦可以稍安矣。

惟是造假票者可殺，而得假票者可憐。假票之散布於市面爲日幾何？爲數幾何？使其日久而數多，則銀行與警吏不能辭失察之責，而當負有賠償之義務。此關於全國紙幣之信用，不獨爲一銀行計也。

告演劇助國民捐者

新紀元六月十三日《民立報》

演劇助國民捐，美舉也。記者亦樂成人之美，并不反對演劇，惟欲尊重信用。有以間執旁觀派之口，故於舊曆四月一日之會曾提議，演劇助捐必以收款總機關所印捐券爲入場券，而由演劇者蓋章其上。惜當日主持會事者於此不甚注意，故知者絶鮮。

今演劇者紛紛起矣，記者敢再以此義進。吴君繼杲於記者表同情，爲文論此事（登今日報十二版）。愛國之士取而讀之，其亦以收款機關之捐券易回先發之入場券乎？記者不敏，企予望之矣。

保城會休矣

新紀元六月十六日《民立報》

保城黨潛踪久矣！滿腹牢騷，無可發泄。忽有人引爲同調研究會事，乃踴躍赴約，慷慨陳詞，『折城之後，即將城内土地奉送洋人』，意氣激昂，正與抵制電車傳單相彷彿。滿擬聲應氣求，不能得之於同室兄弟者，或得之於五族少年。而不謂此理易明，保國會諸人且亦掩耳而退也。

嗚呼，保城會休矣！吾上海人殆無一與爾同調矣。城内之土地，吾上海人共保之，毋事爾保城會過慮也。

盍歸來乎

新紀元六月十七日《民立報》

日來，所見多蹙額相告語之人。金錢問題，解决匪易。私人生計，與國家財政相彷彿，端節瞬届，借款難求，此種情况孰爲最甚？非揮霍之洋迷與風流之闊少歟！

洋迷多，則金錢外溢，外商笑，國工哭，而洋迷亦終有欲笑不得之一日。闊少多，承其澤者固吴姬、越女，而闠接復間接，仍點點滴滴以輸入於碧眼兒、木屐商之手。試問，今日青樓中孰是愛用國貨者？

民力盡矣，幾微之餘財幸爲同胞共惜之！勿謂錢在我手，我可自由揮斥也。諸公覺此［次］端節之難過者，有服用救國會與進德會在，盍歸乎來？

裁兵之危機

新紀元六月十七日《民立報》

日日言裁兵，而以欠餉故不克遽裁，使未裁者人人無固志，危道也；日日言裁兵，而一裁以後不復向其生計，使已裁者人人皆死路，尤危道也。

言裁兵者，莫善於徐軍長寶山之移兵浚淮策，而國人無注意者，何也？救災荒則但知施賑，節餉糈則但知裁兵，目光如豆，無爲十年百年之計者。而年年有水災矣，而處處有兵變矣。國力幾何？民力幾何？焉能受此無窮之損失也哉！

英雄與社會

新紀元六月二十日《民立報》

真英雄之盡力於社會，必不以社會之毁譽而稍易其初衷。而社會之真能崇拜英雄者，亦必不執一二小節以横肆詆諆。英雄之自待與社會之待英雄，固宜如此也。

社會待英雄之薄，蓋無如吾國人若矣。幾見今日轟轟烈烈之男兒有一人不爲妄人所訾議者？使全社會無一中心之人物，而散沙愈無從摶結，此非社會之福也。然世界有真英雄，則蓋当勵其百折不撓之志，以爲社會盡心，而因以感化社會，使知英雄之自有真，而深悔曩昔待英雄之薄也。則其造福於社會大矣。

南市電車之議案

新紀元六月廿一日《民立報》

南市電車公司雖爲商辦性質，而事之關係於市政者至巨。今市政廳列爲議案，可謂能見其大，惟議案内容如何，非記者所能測。記者所欲言者，則犖犖兩大端耳。

一方面當用干涉主義，如築軌、如勘路、如通車載客，均宜由市政廳選派專員董查其事；一方面當用補助主義，開辦之始由市政廳量予補助，或爲之保息，以助投資者之决心而助營業上之便利。蓋南市電車爲振興華市之關鍵，吾人当視爲全市之事業而非僅一公司之關係，任公司之草率從事不可也，聽公司之自爲成敗亦不可也。

無教育之結果

新紀元六月二十二日《民立報》

△臭風潮之原因

清潔所之是否當辦，與此次承辦者之是否合法，今皆不論。獨怪鄉民之反對清潔所，何以不爲正式之陳訴而必爲非理之毆打以釀成此惡現象也？嗚呼！其藐視法律，可惡！其未受教育，可憐！

有教育之國民不輕以惡語加人，矧揮拳攘臂以爲無法律之私鬥乎？記者每於街衢間見學齡兒童輒指叫駡、辱人父母，輒爲唏噓太息。嘆我國社會之能戕賊赤子也，積如是之根性，自幼而壯，欲其不爲野蠻之毆詈難已！故吾國政革非自教育上實地下手殆無一是處，而其尤急者則社會上之通俗教育是也。

自露破綻之文電

新紀元六月廿二日《民立報》

共和黨提議超然總理，自表面視之，可謂有調和之苦心。然玩其電文，於同盟會員則曰『實不宜再爲總理』，於該黨則僅曰『時機未熟』，語氣軒輊至此，豈有調和之苦心者所爲乎？該黨陽稱與同盟會交換意見，而故宣布其抑揚之詞，欲以激同盟會之憤，使此議不得結果；而後更可諉過於同盟會，若曰『吾黨固未爭總理一席，破超然總理之議者實同盟會也』，然後再取而代之。斯天下人不復見該黨之争競而惟同盟會是責矣。設心不爲不巧，其如電文抑揚太過，又故爲宣布，未免自露破綻何。或曰：『此或擬電者之過，非該黨真如是設心也。』是耶？非耶？還以問之共和黨人！

國旂

新紀元六月廿四日《民立報》

以外貨製國旗，漏巵事小，辱國事大。綢布原料本非缺乏，必取材舶來品，非特不愛惜國貨，并不尊敬國旗也。民生國計會提倡用國布製造，吾知國民稍有愛國心者必皆贊成。又海上商號多於國旗中横鑲數字標志其牌號，破碎滅裂，尤大非尊敬國旂之道也。漢幟飛舞，環球觀瞻，願吾民勿爲辱國之舉動。

政黨内閣

新紀元六月廿四日《民立報》

調停足以成事，尤足以敗事，今日政治上之經驗已明詔。吾人以混合内閣之弊矣，故第二次内閣非組織純粹之政黨内閣斷不足以救亡。至當由何黨組織者，則必诉之國民之公意，而各政黨皆毋庸先有成心也。

在理政黨内閣当以議会之多数黨組織之，今參議院之多數黨果何黨乎？第三黨之左右袒果誰屬乎？同盟會代表謂『無論何人繼組内閣，吾黨無不竭力維持』，其言何等光明磊落！惟大總統任命，必能得參議院之真正多數者乃可。非是，則責任内閣終成贅詞，而國政亦卒不舉也。

民擇

新紀元六月二十四日《民立報》

今日談國事者，多抱一悲觀之思想，以爲民國終不免於亡。吾則謂民國之果亡與否，則視此思想之現於事實者以爲斷，人人以爲民國將亡而不惜倒行逆施、叫囂衝突，則民國真亡矣；人人以爲民國將亡，而以犧牲之精神救之，共夫大局不惜其私，則民國匪特不亡，且將屹然爲東亞大國。

禍福惟人自求，將以國家爲犧牲乎？抑犧牲其身以救國乎？是在國民之抉擇而已。

毛織事業之救國

新紀元六月廿五日《民立報》

維持國貨，當兼消極、積極二義。消極以救其標，積極以治其本。故一方面宜勸人弗購舶來品，一方面宜改良已有之貨，仿造未有之貨，二者不容偏廢也。

國貨維持會電爭□制，謂宜用中國自製呢，所見誠大。然今日自製呢何在？求之市場殆不可得。有維持國貨之宏願者，宜速出其實力以救國。提倡毛織事業，或先維揚他人將辦已辦之呢廠，俾有成效，始不徒托空言也。

衆志成城

新紀元六月廿六日《民立報》

城濠路工事務所邀集保産公會代表協議辦法，其結果甚佳。此正見共和時代上下溝通、尊重民生、保全公益，有萬非專制時代之官民所可及者。吾不知保城黨於此更將何詞？

語曰『衆志成城』，吾上海人拆去一有形之城以振興市面，即當共作一無形之城以鞏固國權。彼囂囂然曰『拆城以後，即將城内土地奉送洋人』者，殆不知吾上海人有此無形之城在也。

舊案新談

新紀元六月廿七日《民立報》

昨得徐家匯馬路舊案一册，上海市政廳爲法人推廣電車案而刊也。其用意在表明路權之失實誤於余道聯沅之手，而於市政廳無關。記者介紹之於我國人，則願我國人當作國耻史讀，而毋僅視作一尋常之辯護書觀。

抑記者猶有言者。查閲舊案，於法人擴充添築之路，僅允法人派捕巡查、抽收車捐，而於餘事未許干預，是主權猶未盡弃。今謂『法人對於此路，久已據有管理之權』，似挽救之責更不容緩。且電車關係綦重，在我即無阻止工作之權，而在彼亦有通知興工之責。前據市政廳報告，似法人此次并無一紙見遺，此言而確亦宜由民政長移書責問，以保我名分上之主權（舊案中，法領照會尚有『相應照會，請煩查明，札飭上海縣出示曉諭，俾衆咸知』等語）。更顧市政廳與市民共圖補救，毋僅以諉過陳死人爲得計也。

政黨内閣與混合内閣

新紀元六月廿七日《民立報》

甲黨内閣仆，乙黨内閣起而代之，而無再由甲黨組織内閣之理。此政黨内閣之常經，而非所語於繼混合内閣之後者也。今唐内閣爲混合内閣乎？抑政黨内閣乎？

唐内閣果爲混合内閣，則唐之爲總理與否，與同盟會之得勢無勢奚涉？即唐内閣之政策，亦與同盟會之政策奚涉？此本有甚明之事實，而所需者又衹極普通之法理，乃《大共和報》與《民聲報》皆不能解，何歟？

吾非爲同盟會争内閣也。同盟會主張政黨内閣，無非鑒於混合内閣之弊，以爲非此不足以救國，而絶未謂他黨之不可組織内閣也。吾故於他黨之排斥同盟會者，皆不辨獨此政黨内閣與混合内閣之别。不有以明之，則政黨内閣之界説愈歧，而生於心者之必害於政也。乃贅數語。

敬告教育家

新紀元六月廿八日《民立報》

利用暑假之時間設種種補習之教育，其事於今日爲最亟。蓋民國成立，國民責任愈重，所需學識亦愈多。社會中之幸有專長者，不可不各出其所得，供同胞以研究之機會，而此機會殆莫過於今日暑假之時間。人人知建設之必要，而建設不可以無學。今日旅居上海之青年當視疇昔爲多，能各就其性之所近，而分別授以建設必需之學科，此必於民國有大益。暑假瞬屆，預備宜先，我上海教育家其速圖之。

唐總理出京之真因

新紀元六月廿八日《民立報》

△證以熊財政長之通電

唐總理出京原因，言人人殊。據本社最後京電，實爲王芝祥督直問題，而証以財政總長熊希齡之通電（見二十六日報），則此説益爲可信。蓋熊君爲共和黨人，又躬與會議，而所述情形略同，此可以爲信史矣。而驚槍［聲］、戀外婦、畏避質問之種種讕言，至今猶未息，甚矣！吾國新聞家之易受人欺也。

唐總理以直督事而出京，當此是非無定之時，毁之譽之，皆有餘地。敬告同業，以此爲争點可矣，毋采市并讕言，重辱國體也。

敬告實業家

新紀元六月廿八日《民立報》

一月以來，上海商團之踵起者凡三，曰錢業、曰花業、曰紙業。振尚武之精神，保地方之秩序，吾於此見上海商人之進步矣。

有商團以發達體育，更願有實業補習學校以發達智育。銀行制度也、棉種改良也、新紙製造也，均錢業、花業、紙業之亟當有事者耶。而其餘諸業，亦視此已勖哉！諸公其進取勿怠。

日本米貴感言

新紀元六月三十日《民立報》

連日外電，日本有絕糧之虞，米價上騰，每石至三十餘元。以生計學常例言之，其毗鄰之農業國於此當獲利倍蓰，而吾顧勿能使滬地米商果有投機運往者，且將爲法律之罪人，此可以使吾國農家羞死氣死矣。

抑記者猶有感者。日本人雖食貴米，雖仰給米糧於外國，而其餘日用品事不需外貨，外貨雖賤，日本人寧購高價之本國貨也。吾國人不然。米必食其賤者，稍貴即起風潮；而於無益之外國貨則雖貴勿恤，即貧苦至東洋車夫，其每日所吸之强盗牌香烟價或與所食之白米相等。民質如此，無怪得天雖厚而生計憔悴轉遠過於日本人矣。

其庶幾看好報乎

新紀元七月一日《民立報》

黄克强先生昨在同盟會演説，言『吾黨當有宏大之黨德，於异黨污衊可概置勿報』。偉哉斯言！記者敬書諸紳矣。且以記者之不敏，亦何術與他人争勝？記者引事實以詰難，而所争之點，人亦自認爲事實非理論，乃其所答復者無一根據事實之談，而徒曰『有聞必録』。吾不知其所聞者果外人之談片耶？抑同黨之記載耶？甲逞臆而談，乙秉筆而述，苟有二人於此而人已無可置詞，何也？有聞必録之例則然也，况夫轉載者之紛紛而起，尤見聲應氣求之廣耶？自敬謝不敏，外記者更有何詞可説？

吾人爲黨德計，爲新聞家天職計，今而後一以宏大之心理報告確實之事情，上海人其庶幾看好報乎？

閘北交涉志感

新紀元七月二日《民立報》

閘北之事，至勞駐京英使交涉於外部。記者於此竊有二感：一可見外人之尊重權利。果其有詞可藉，雖小小争執，斷不肯輕易放過，而吾人之自守主權，力圖保衛，當如何者？一可見英人之注意閘北。閘北之交涉，近已不勝其繁，今又向外部詰責，使果有貽人口實之事，鮮不乘機而進。吾人於此，其當整飭市政，力求進行，又如何者？記者以爲，交涉之事必先盡其求己之道。我能自保主權，自守秩序，外人方敬我、佩我之不暇；否則徒致怨於外人之伺我無謂也，又或希冀於外人之厚我尤爲當也。

條約與習慣

新紀元七月三日《民立報》

國際上之習慣，有時可與條約同其效力，此必其事爲條約所未規定，而後習慣得行乎其間。若明明與條約不相容，而此條約之所載又未嘗以他條約更變，其性質則無論相沿之習慣已至若干年，而隨時得根據條約以排弃之，蓋國際上之公理然也。知此者可與論檢察廳長黄君之條約説，與英領事翰君之習慣説。

論拔去界碑事

新紀元七月四日《民立報》

北四川路華界傍界碑有公共捕房飭捕拔去之説，記者深冀其不確也。蓋界碑之立非今伊始，果其界址有誤，則當饒舌於前清巡警局樹立之時；若謂今昔异勢，則又未聞擴充租界正式解決之舉。然則此界碑之爲華洋分界，在外人已無可否認。而於中西睦誼素敦之日，界務交涉正在進行，一旦有此自由行動，縱極無理亦何至於此？意爲告者之過歟。

閘北交涉正極棘手，今更有此波折，設竟釀成意外，殊非中外之福。且如告者所云，公共捕房此舉不特侮蔑吾國至於無地，而領事團先未提出抗議謂界址有誤，無端出此强暴之舉，其辱没外人文明之名譽，亦豈有限？故記者深冀此事之不確。萬一果有其事，當局者亟宜嚴重交涉以尊國權而平民氣，而領事團亦宜表示公平之態度，毋重爲國際羞也。

嗚呼，迷信毒

新紀元七月五日

金圈書符可治目疾，與前報所紀『吞符習英文』皆絶好新騙史材料。此種騙術國人猶甘受其愚，則無怪南京路吴鑒光之門庭如市矣。上海爲開通最早之地，而社會程度如是，願主持教育者一思之。

盡其在我

新紀元七月六日《民立報》

△告上海地方審判廳

外人之譽我，往往挾有兩種心理。一則就事論事，初無成心。以爲中國人既能如此，吾儕安得不心折也。其一則本挾一輕藐侮慢之見而來，以爲中國人之野蠻當如何如何，一旦睹其不然，反不覺贊嘆之溢量。由前之説則譽我尚得其真，由後之説則譽我適以輕我也。

各領事之贊美審判廳，吾不知其屬於何種心理，且吾亦無暇推求。吾惟冀審判廳益盡其在我之道，勿以外人之譽我沾沾自滿，而努力爲各地模範，以求達於撤回領事裁判權之蘄嚮而已。

國法何在

新紀元七月八日《民立報》

僉壬造謡無所不至，甚或托爲外人之言，雖辱國不計也。近復謂黎副總統電詆滬都督，并宣布其電文，一似鑿鑿可據者，而黎總統昨電則謂并無此事。夫以黎公之诚，断不至諱有爲無，而若曹乃敢任意捏造副總統之文電，則其他又何所不至者。此而不澈底根究，國法何在耶？

夜花園

新紀元七月九日《民立報》

夜花園之害，滬人士多能言之，而卒無禁絶之一日。在前清時，上海道猶有例行之公牘，今并此而無之矣。掩耳盜鈴之政策，诚不如其已，然竟取放任主義，亦胡可者？

飛蛾撲火本以速死，而蛾方樂甚，人亦不之憐也。痴男怨女冒風露以自戕其生，其智殆與蛾等。然彼固明人也，人與人有相愛相救之義，乃聽其趨死而不之警覺，則怵惕惻隐之心之谓何也？

縣選舉谈（一）

新紀元七月十日《民立報》

有自署『東南區選舉一分子』者昨投書本社，論此次縣選舉之弊。其所言事甚奇，谓當日選舉畢後明知某君得百数十票，而次日開匭時祇五十七票，又某君得二百数十票而竟無一票宣布云。揣投書者之意，殆谓辦理選舉之人有意將選舉票抹煞。果爾，則選舉人亟當提起訴訟，不可以投函報館了事也。抑記者有欲質问於投書人之一事，則某君某君之得票若干，果何人知之？亦何由知之？豈此百数十人與二百数十人之選舉者皆已明白宣布謂我等實選舉某某耶？毋亦某君等先運動百数十人與二百数十人令皆選舉己名，而其後乃爲人所賣也。躊躇滿志之餘有此结果，可憐亦笑矣！

一縣議員耳，而紛紛擾擾至此。政治上之道德，诚不可不講哉！

縣選舉谈（二）〔一〕

縣選舉揭曉，有藥店主裒然当選，衆目爲异事，余以爲非也。法蘭西有書爲小學校國民教育之資料曰『汝將爲公民』，書中假述一正直有教育之冶工，生於某市，初不欲干預市政，而其同志数人憤市長之腐敗，於選舉之先力勸冶工之出，并表示意見以得市民之同情，於是冶工取市長而代之，又得诸同志相助爲理，以實行其理想之市政，百廢具举云（朱君樹人譯是書署爲《冶工逸事》，言市政者之良參考也）。夫打鐵匠可爲良市長，則藥店主何不可爲好議員乎？共和國中萬不當有丝毫之階級意見也。

然此就法理言之，若論其事實，則此藥店主者果以何道而得一縣公民之同情？学問品行如何？平日辦事之經驗如何？與夫此次選舉之先，曾否有政見宣布足以博公衆之信用？皆不可不一爲研究者也。

〔一〕　此文原載一九一二年七月十一日《民立報》。

閘北之危機

新紀元七月十二日《民立報》

閘北界牌被拔今已一星期餘，尚未有若何之交涉，即云報告外部，而京滬傳電旦夕可達，亦何至若是之濡滯。是故閘北之危，不危於外人之伺隙乘便、節節進行，而危於國人之麻木不仁、步步退讓。且退讓之事寧有底止，閘北讓而爲閘北者何限？此次拔去界牌八方，其二在楊家閘界，實爲通江灣之要道，彼目光如炬者固有無窮之深意於其中，而國人不悟也。嗚呼！

吾聞陳交涉使就任之初，有人詢某君陳爲人如何，某君曰：『陳無他，惟太弱耳。』吾願陳君一雪此言，更願上海人共思此言，毋於中華民國開幕之初以一弱交涉使故，留無之窮污點於外交史上也。

商團會員與亞支奶

新紀元七月十三日《民立報》

席裕麟以商團會員名義，辨護亞支奶（事見昨報）。嗟夫！席裕麟，爾以商團會員而榮，商團會員以爾而辱矣。

凡爲一機關之分子，其行動於此機關無與，而必挾此機關分子之名以自重者，此其人必非安分之徒，而大足爲此機關之玷者也。亞支奶之與商團，若風馬牛之不相及，何爲而濫用其名乎耶？教徒不肖者，有所訴訟，輒自署曰教民，其賢者亦往往非之。記者誠不願以商團會員之高潔，而使不肖者挾其名以出入於行政官署也。

雖然，今之挾某黨員、某會員以自便其私者，蓋滔滔皆是矣。於一席裕麟又何責哉？

借款決裂矣

新紀元七月十三日《民立報》

借款決裂，外人其制我死命乎？

外債可借，而損失主權之外債不可借。自留守取消後，久不聞反對借款條件之電，而非難國民捐者且日多。今超然派之陸總理，亦通電各省，請竭力提倡國民捐矣。國民捐之前途果如何乎？

吾國民果以國家爲前提，其勉力此最後之五分鐘，非是則國且不保，而借款亦永無轉圜之日矣。

今日之感情

新紀元七月十四日《民立報》

俯仰身世，喜懼交集

猶是法蘭西共和紀念日，而以吾人所處地位之不同，遂不覺今昔感情之頓異。去年今日，尚不知我國之巴士的獄，何日廓清。曾幾何時，而自由之花移植東土，五色旂與三色旂并峙於世界。猗歟休哉！努力前途，期於久遠，爲友邦致慶祝，即爲國人促進行也。

然一思及借款決裂，國庫奇窮，而吾四萬萬同胞，殊無我友法蘭西人之勇氣，一舉手而儻却普人二千兆佛郎。萬一財匱生變，啓外人干涉之機，或終茹痛以受六國銀團之監督，則明年今日，正不知如何景象。又烏能如法人之熙熙皞皞，與時俱進耶？

一法蘭西共和紀念日，而喜懼之情不能自已若此，我國人其知所勉矣。

墊款用盡後之財政

新紀元七月十四日《民立報》

六國銀行團墊款用盡後之財政，政府無善後之方（見宋總長復孫君武書）。自吾觀之，非必無善後之方也，有所待也。何所待？待大借款也。今大借款已決裂，吾人雖可以敏活之手腕，或使六國銀團轉圜，或竟以六國銀團以外別求供給吾人借款之團體。而要萬不可再有所待，再有所待，則外人終得制吾死命，而財政且永無整理之一日。

敬告財政總長，總長能待外人，國民不能再待總長也。墊款且盡，百政莫舉，不亟籌善後，總長何以對我國民耶？

軍人之名譽

新紀元七月十五日《民立報》

上海各軍隊，多欠餉兩月，而并無意外，且於提倡國民捐時，尤能踴躍輸助。非吾軍人之熱誠愛國，與夫主其事者之苦心維持，何以致此！

我軍人能本其愛國之心，始終一致，則當知欠餉本非得已，萬不可引爲口實，於小節多所出入，隳我令名。且名譽爲吾人第二生命，一失不可復得，而得之至難，失之至易。我軍人其求永保持我滬軍之聲譽也。

華界之衛生

新紀元七月十六日《民立報》

華界市政，視租界多遜色，而公衆衛生之政策爲尤甚。此其咎在市政廳之失職者半，而在人民自身之放弃者亦半。市政廳不知公衆衛生之重要，而未以全力經營之，警吏承其意，於妨礙衛生事多不厲行干涉。而人民或且便於野蠻之自由，坐視生命之危險而不覺，[始]終無一言。於是吾人自治能力之不足，遂暴露無餘矣。

今觀諸陸二君之言，則市民固有不放弃其監督之天職者。市政廳於此若亦幡然警悟，一變其敷衍之態度，則公衆衛生之前途，庶有幸矣。

論法租界電車轇轕事

新紀元七月十七日《民立報》

在電車執事人，當知電車爲營業性質必優待乘客以廣招徠。而在地方市民，亦當念電車之便利交通，務以好意歡迎，而毋庸爲意氣之争執。果兩方面力求感情之融洽，則主客之見自銷釋於無形。凡事必兩利而後爲利，電車與市民之關係，能獨異乎？

今法租界電車公司在西門斜橋間忽起與居民齟齬。記者以爲，此實一時之誤會，毋論其曲在何方，而爲顧全大局計，皆不難妥爲解決，毋取堅持，故敢以此言進焉。

所謂危險者，果何指歟？

新紀元七月十七日《民立報》

革命軍起，革命黨消，革命黨之名詞蓋已爲歷史上之陳迹。而近人猶創爲『同盟會出於秘密革命團體，而革命團體多危險分子』之説，記者誠不審其理由之所在也。無論同盟會既已改組，即革命黨之爲危險分子，亦第當日滿清政府應有此言以革命黨實欲破壞滿清政府故。今民國成立，國人争趨於建設之一途，而革命黨自初之標幟亦即爲建設民國。故自清政府言，革命黨爲危險；而自民國言，則革命黨更無復絲毫危險之性質。此事理之甚明者也。

爲此説者之何心，非記者所欲問。記者惟祝吾國此後再無『革命黨』之名詞，而更表明前日之革命黨，其於民國亦永無危險而已。

我上海人如何

新紀元七月十八日《民立報》

拆城修路，於全市有益，少數之建築物，果其有礙工作，自當即行拆除，毋論其爲死者之墳塋，與生者之居屋也。

英總領事復交涉使書於拆讓外人墳塋事，無絲毫固執之意。以外人之破除迷信，尊重公理，此等態度了無足异，特未知我上海人之頑固者視之何如耳？

在外人不過尊重公理，吾則於尊重公理之外，更當尊重市之利益，而况尊重市之利益亦即所以尊重身之利益也。彼一再阻撓拆城工程者三思之哉！

教育成績展覽會

新紀元七月十九日《民立報》

小學教育爲一切教育之基礎，商務印書館搜集全國教育成績，品而先自幼稚園及兩等小學始，知本哉。

日長無事，午倦抛書，盍若展覽全國教育之成績，既以消此永晝，更得擴眼界而增學識乎。然洋場十里，俗塵撲人，麻雀競叉，馬車飛駛，一般浮蕩少年且將捨此而就彼也。悲夫！

錢從何來

新紀元七月二十二日《民立報》

鄂軍務司長蔡濟民寄布告文於本社（登明日十二版），内有目擊在申鄂人厚擁金錢，花天酒地，憤火中燒，語言激刺，以致大興爲難，幾成衆矢之的云云。嗟乎！如蔡君所見者，在上海蓋滔滔皆是也，安得一一而與之爲難哉！爲社會辦事則無錢，爲國家輸捐則無錢，而獨（乂）〔叉〕麻雀、吃花酒則有錢，錢果何從而來哉？兵站紙幣七萬，而撥往民社者六萬（見蔡君布告）。君於是思進德會不賭博、不狎邪之規約，吾於是更思進德會不作官吏、不作議員之規約矣。

忠告南市電話公司

新紀元七月廿三日《民立報》

南市電話既屬一公司所經營，而非爲市有之性質，則加價與否在公司本有自由之權。特事與全市交通有關，而吾人又不忍坐視該公司之挫折，乃思當有以忠告之焉。

公司之加價必爲維持經濟起見，然當知經濟困難之真因果在何所，毋亦以裝配電話之户太少，而所入不足以抵所出也。而裝配者之少，無非以接綫人腐敗之故。今公司不力求整飭積弊，而徒曰加價，吾恐價加而裝配者愈少，而維持經濟之目的乃愈去愈遠也。公司中人，其亦計及此否乎？

内憂與外患

新紀元七月廿三日《民立報》

國無外患，必有内憂。善治國者往往利用外力之侵凌，鼓舞國人同仇之氣，以戢其黨争之私。而真愛國之國民，亦無論内鬩若何劇烈，苟有外侮之至，無不捐弃夙念同心扞衛者。然則外患愈劇，而内憂愈弭，立國者所不能外之公例也。

今國之外患可謂亟矣，而内憂且愈激而愈深。當局者無術以轉移國民，國民之真愛國者又渺不可得，我國其終亡歟？有不願亡國者稍移其總理、總長之眼光，以注目於滿、蒙、新、藏與聖彼得堡之都焉可也。

市政之根本計劃

新紀元七月廿六日《民立報》

預定大政之方針以爲根本之解決，此謀國之常經。而言市政者，亦必有取於是。且在改革之初爲尤亟，否則枝枝節節，匪特事倍功半，且費時久而耗財多也。爲問今日上海市政，若警務、若交通、若義務教育、若公共衛生，其能規畫全局定爲根本之議案者誰乎？拆城事議決數月，而今猶衆口囂囂，他可知已。論者或曰『無財』，夫無財誠是也，然理財在人，以上海之殷富而市政經費且莫舉，則全國無市政可言。且即令無財，亦不過事稍緩舉，而根本之計畫在我仍可預籌。自光復以來，上海市政無復虞民賊之牽掣，而猶不急起直追，則我民之責復誰逭乎？縣鄉議員均選定，乃以是爲諸君告焉。

誅奸

新紀元七月廿八日《民立報》

閣員表決，議員有自主之權，此次通過，非必爲軍人所壓迫。而軍界之通電、公函與夫傳單之散布，據内外各報，事實上已有萬不可掩者。履霜堅冰，爲軍界名譽惜，更爲民國前途危也。

然陸建章有言：『此皆好事者或奸人所僞造，吾軍人決無此等越分不穩舉動也。』然則此次干預政治者，皆奸人耳。而爲杜漸防微之計，内務陸軍兩部不可不速懲治奸人以謝國民，并以謝守法愛國之軍人。

雖然以軍長而干涉司法獨立之權者，或且許爲民國第一偉人矣，吾又奈奬奸之民何哉？

今後之商業

新紀元七月廿九日《民立報》

今日商業之疲滯，有歸咎於革命者。而不知滿清政府虐民自肥、厚外薄内，使吾商人着着失敗，幾無可以自立之道。苟無革命之舉，終且宛轉以就斃。孰若忍痛一時，有無窮希望者之爲愈乎？觀前報所載，棉業代表一呼籲，而滿清政府罪惡之深重，與夫所待於民國之救正者，皆已昭然若揭矣。

然吾商人無公德，無遠見，貪小失大，自隳信用，亦未始非對外貿易失敗之大原因。棉業既誤於前矣，願亟奮起於後。更望各業之能以棉業爲鑒，毋待巨創以後，費大力以自救也。

滬都督府之回顧

新紀元八月一日《民立報》

滬軍都督府於昨日實行取銷，世之致疑於陳君其美，謂其久戀兵權，阻礙統一者，於今當自釋。然而回思成立以來，迄今九閱月，轉運餉械，辛苦支撑，以一隅影響全國，中經各地兵變，而上海獨始終安堵，匕鬯不驚。此固賴滬地商民軍警之深明大義，然使當時任事非人，或不能無意外之危險。而今竟於歡笑酬酢之中，得睹全蘇統一之盛，記者慶陳君之成功，尤幸滬人之多福也。陳君去矣，我滬上商民軍警亦有以繼續其熱忱乎？

企業家與政治家之賊

新紀元八月一日《民立報》

康達士致施君肇基函，謂前此京滬各報所載唐紹儀等分吞比款事，全係企業家或政治家之捏造。嗚呼！吾國之企業家與政治家而竟有此種卑劣手段乎？吾國民而竟能寬容此種卑劣手段之企業家與政治家乎？記者曰：『此非企業家與政治家，而企業家與政治家之賊也。』吾國民其亟有以防止之矣。

招商局之詭秘

新紀元八月二日《民立報》

招商局拍賣之聲既騰播衆口，而董事會及辦事人對於各方面之攻訐迄無一言宣布。以視前此之馳書力辯，情態大不相同，此可知拍賣之説之非無因而至矣。

藉謂一經宣布事且無成，故必以秘密行之。則新公司之接辦，本經股東會議決，使非中懷詭秘，事何不可對人言乎？須知航權、商權、國權，在在有關，決非一手可掩天下耳目者。伍温諸公夙負人望，速宣布新公司之内容，以待國人公判可也。

滬都督取銷後之民政總長〔一〕

政治統一以實不以名，然而名不正則言不順。上海祇有民政總長，亦言統一者所當注意者也。光復之初，上海關係最重，且既爲滬軍都督開府建牙之地，則設官分職，自當稍事變通。今滬都督府取銷，而民政總長與其他諸司果仍有存在之理由否，此當問諸上海之萬能紳士矣。然萬能者固無往而不能也，則戀戀於此無謂之虛名，又何爲焉！

問招商局董事

新紀元八月八日《民立報》

招商局組織新公司辦法，本經股東會議決，而今忽有拍賣於外人之風。說則一因劉學詢負債纍纍，非有組織新公司能力之人；二因董事會秘密會議恍若有不可告人之隱。空穴來風，殊非無因，而至董事會果欲剖晰衆疑，則首宜公布劉學詢組織新公司之款從何而來，次當詳布當日會議情形。事非外交，何取秘密？且既稱來議者不止劉學詢一人，則劉學詢既受指摘即謝絕不與再議，亦何至如程都督言『一事不能辦』？今不此之爲而惟

〔一〕此文原載一九一二年八月四日《民立報》。

作籠統之詞、負氣之語，誠不解董事諸君何以出此，至伍君廷芳啓事，有謂『已向股東諸君宣告辭職』，此『已』字作何解？股東又指何人？記者非法學家，竊所未喻。董事受全體股東公舉，若向一二股東言之即算辭職，則無怪外間盛言謂此次拍賣即受大股東盛宣懷之運動矣。伍君其有以語我來？

就地正法之疑問

新紀元八月十四日《民立報》

民國法律有就地正法之罪名否？就地正法，前清末造以施於供證確鑿之盜匪，今民國成立，可施於未經訊供之報館主筆否？報館主筆可就地正法，而軍民分治以後之湖北都督有罪及軍事犯以外之權限否？此記者所欲問於黎公者。黎公謂無政府何以立國，無法律何以治民，而其躬之蔑視政府、法律乃如此，則其所恃以立國治民者亦僅已。

天幸何海鳴逋逃來滬，就地正法之令未實行，黎公因得續電取銷以爲悔過耳。嗚呼！天之厚黎公者屢多，惟天無親黎公其念之哉！

促電報局之進步

新紀元八月十七日《民立報》

電政局之腐敗不待裘載深稟揭而後知，而裘載深之稟揭亦實未滿人意，魔障表説明囫圇其詞，仿佛前清官場考語，而始既宣布報告，繼復函各報囑勿登，尤事之可疑者也。

然電局辦事人既群相駭怪，胡勿根據事實逐條辯明，而僅以一紙空文請交通部委員之訪查者投函報館揭載乎？吴煃靈亦人耳，安知其不爲裘載深，又安知其非有他故者？電政之不進步甚矣！公其原因於天下，以研究改良速進之方，此記者之所深望也。

於孫羹梅又奚責焉

新紀元八月二十日《民立報》

孫羹梅前次到廨，自陳爲美領事牽率而來；昨日復至，則又出於關讞員之轉邀。——其未受交涉使之委任，蓋始終如一也。笑駡由他笑駡，好官我自爲之，無耻若孫羹梅，吾又奚責焉！

獨怪關讞員何人，而竟不待交涉使之命令約孫來廨；陳交涉使又何事，而於領事團之磋商轉圜又置若罔聞。得交涉使與讞員若此，國權之保存者僅矣，於孫羹梅又奚責焉！

關讞員拒孫於先，約孫於後，反覆若此，其人可知。然而上海總商會之留關，方謂爲衆商倚重，關係甚巨，言論界亦有爲之揄揚者。上海之無人如此，於孫羹梅又奚責焉！

法律維持會之前途

新紀元八月廿一日《民立報》

歐美各國，有一人不得其死，或死非其法，則報紙之抨擊、輿情之嘩噪皆爲之鳴其不平。非有所私也，重人命、尊法律之道則然也。

吾國曩昔怵於專制之淫威，視同胞之慘死爲無物，今張方鄂人被殺於北京，而滬人士爲之震駭，且設維持會以研究辦法，蓋即此一端而知吾民心理，其沐共和之賜者多矣。

張方案當研究，即小於張方案之死非其法者亦當研究。法律維持會果能爲常設之機關，當以求真正之司法獨立，而不涉及政治問題，爲第一要義。蓋司法獨立問題，其需吾民之監督輔助者固甚多也。

告鐵路協會

新紀元八月廿二日《民立報》

△奈何使梁士詒、葉恭綽盤據路權

聞浙路公司遵照本届股東會議決議，由朱桂卿君與交通部交涉，結束滬杭甬路英款未了事件。函電數往，竟不一覆，异哉。

前清以抑制民有鐵道卒斬其祀，今民國成立乃復尤而效之，梁士詒、葉恭綽輩之肉不足食矣。然孰使梁、葉輩之始終壟斷路權者？人以爲袁總統，吾以爲我國民也。國民無監督之能力，而梁、葉乃盤據而不去。滬上固有鐵路協會，幸與各團體共圖之。

黨德與黨見

新紀元八月三十日《民立報》

今人皆以黨見爲病，以鄙意論之，則吾黨本無黨見，其有黨見之疑似者，少數人之私見爲之也。孫、黄二先生既數以黨德勖示於衆（孫先生在國民黨成立大會演説，黄先生則於同盟會滬機關部夏季大會兼代表總理孫先生演説），在理黨員宜服從黨魁之主張，盡弃其褊急之見，而一取夫宏大之德。苟或不然，則仍少數人之私見冒黨見之名以行之耳。天下焉有反於黨魁之主張而可目爲黨中之意見者乎？

黨魁之於人方推心置腹、誠意相孚，則黨員亦祇可爲和平正當之監督。必戟指痛詈誓誅此賊，似亦非「黨德」所宜有也。

模範棉工廠

新紀元九月一日《民立報》

讀中國模範棉工廠説帖及其預算（見今日本報十二版），而知棉利外溢之價格如是，其可驚也；新廠贏餘之預算如是，其可羡也；目前創辦之時機又如是，其不可失也。上之有愛國之觀念，次之有發財之思想者，其亦有動於中乎？

號稱模範棉工廠，而限於國民經濟，使有經驗之張、聶二君僅敢爲五萬紗錠之計劃，已足爲我國羞。若并此五萬錠者而亦無成就，則更何面目與外人競争？棉業救國非欺人語，國民其可以興矣！

十年築路，五年治水

新紀元九月二日《民立報》

昔大禹以九年治水，今中山將以十年築路。果十年以内，二十萬里之鐵路告成，則中山之功不在禹下。然記者以爲，治水亦今日之要圖。自水利失修，沉灾迭見，公私損失動至億兆。比年江北苦水，國人稍注意於浚淮。而近日直、豫、湘、粤諸省又迭以水灾見告，故非舉全國失治之川流，若河、若淮、若北運河、若珠江、若洞庭湖、若太湖等等，一一以世界最新之治水法爲之整理，而浚治之不爲功。而民困既深，涸轍之鮒未堪久待，神禹九年猶嫌稍緩，期以五載，庶幾可乎？

十年築路，五年治水，富國利民，在此一舉。中山先生既以築路自任矣，國民盍亟起而謀治水之方。

言論界之不幸

新紀元九月三日《民立報》

彭壽松禍閩，罪惡不一端，而以摧殘言論爲最甚。自群報案出，閩人不忍公理之盡絕，頗有再接再厲者，而《民言日報》出版十一日，又於八月二十七日爲彭氏勒令停版矣。彭真怙惡不悛哉！雖然天津《民意報》以攻擊袁總統過烈亦被勒停版，摧殘言論萬方，一概於彭氏又何尤焉！

然此豈共和國應有之現象哉？

抉擇時論之能力

新紀元九月四日《民立報》

△爲論張煊電報者而發

前日《時報》載張煊一電，標其目曰《北京同盟會主聯各省都督以武力解决張方案》。昨日某某等報遂據此立論，詆斥同盟會本部，甚至記者亦反對武力解决説之一人也。然以爲吾人評論此電决不得以《時報》之標題爲據，否則仍爲黨見所中，而藉是作駡人之材料者也。請言其理由如下：

（一）此電既爲張煊一人署名，即不得目爲同盟會本部之主張；

（二）此電必非自北京。因張煊近自南昌致電本館（見八月二十九日本報），此電或亦在南昌所發，與北京同盟會本部毫無關係（電首有各報館字樣，而本報及各報多未得此電，亦可疑處）；（三）張君此電亦以彈劾大總統爲主（大總統當彈劾與否，自爲别一問題），與單純主張武力解決者亦尚有一間。

如上所述，《時報》標題之不正確，稍有抉擇力者皆能知之，已無復疑義。而論者偏據以攻擊同盟會，其果爲《時報》所欺耶？抑利用此好題目以鼓煽黨見耶？記者於此蓋嘆抉擇時論之力之不易得也。

大借款果復活乎

新紀元九月五日《民立報》

大借款挫折久矣，今有復活消息，不可謂非國際間之幸事。蓋吾人本不反對外債，所反對者，有損主權之外債耳，六國銀行團壟斷之外債耳。而衡以經濟學兩利之説，果任少數資本家之專制使吾國財政狀況永無進步，亦豈各國商業之福？今大借款復活，我之利，亦鄰之利也。

然路透社消息，銀團尚堅執前此條件。而據本社電，傳其所謂讓出者亦極有限。然則銀團終以狙公之技待我歟？抑我果奄奄待斃，乃宛轉遷就，以甘此鴆毒歟？公理猶存，國魂不死，記者望友邦資本家之覺悟，更冀我政府、我國民之勇忍也。

招商局之改造

新紀元九月六日《民立報》

昨日本館專電，國務院會議以招商局歸交通部管理。异哉此電！記者欲覓其理由，乃百思而不可得也。商辦成（商）［局］有專律以爲之保障，國庫奇絀，無餘款以吸收股金，若蹈滿清鐵道國有亡國之轍，巧取强奪，豈民國政府所應爲？吾意國務院果有此議，必藉口於商辦無效、内部紛爭。然須知今日商局腐敗積習，仍沿昔日官督商辦之局而來（商局辦事人皆昔日官督商辦時之積蠹），果能實行前届股東會議案，組織新公司徹底改造積弊，自可廓清，又焉得以辦事人董事會爲鷸蚌，而政府自爲漁人哉？

招商局之改造（二）

新紀元九月七日《民立報》

今日之招商局，名爲完全商辦，實則私人盤據。局中辦事人以及一切腐敗情形，何一非沿官督時代之舊！綜言之，則招商局在昔，權不在前清政府，而在盛宣懷諸私人也；招商局在今，權亦不在民國商股，而仍在盛宣懷諸私人也。

然而告朔餼羊，君子不能無愛。有商辦之名在，鍥而弗捨，終有達我目的之一日。若一旦歸部管理，雖民國部員不必以亡國大夫相窺測，而鞭長莫及，盛氏私人終有相視而笑者，招商局改造之希望亦遂永永無有矣。故欲改造招商局，仍以求真正之完全商辦爲第一義，其他種種，無有是處。

招商局之改造（三）

新紀元九月八日《民立報》

改造招商局以達於真正完全商辦，其道將安出乎？記者以一言蔽之，曰：『尊重股東會之意思與董事會之權限而已。』

商辦與非商辦之分，本以股東會與董事會之有無爲關鍵。而就招商局言，則股東向前清政府力争商辦之結果，亦僅僅得此二者。此二者之勢力，股東猶不知珍重維持，則其道無殊於自殺。

此次招商局風潮爲組織新公司而起，而此案實經股東會萬七千四百八十二權之贊成，以由董事會執行之。故新公司案無可反對，所反對者有外款之嫌疑耳。今日解決此事，亦衹慎防外款一問題。使果全係華款，則股東會意思與董事會權限萬無任少數人取消破壞之理。此理既明，鍥而不捨，真正之完全商辦不難達我目的也。

無人國

新紀元九月九日《民立報》

距京四十里之地，而英人以錢債細故，竟敢挾持武器，强占莊田，且植以英旗，一若入無人之境，而得土地上之先占權也者。地方官不敢逮捕，馬隊之往乃與英國使署人員偕行。國權之可嘆者一（昨報特約路透電第二條）。

河南非通商港口，居中原腹心，而日兵以衛生爲名，竟敢結隊同往，多至千人，且輸運重器，又若入無人之境。而軍隊亦可游行自在者，華兵偕行不之問，車站通過不之詰，豫省有司更不聞不睹，國權之可嘆者二（今日北京專電第二十二條）。

各國在我境内雖有領事裁事裁判權，然拘捕逮解權固在我，今我乃欲并此而斷送之耶？外人視我若無物已大可哀，我亦以無人國自待，則哀更何如？我政府、我國民其亟猛省，毋貽後悔！

附志：頃見初七日《全浙公報》時評，對於初四日記者所謂論張煊電報事（見本欄）頗滋駁詰，至斥爲『文義不通』。惟記者原文并無『間接武力解決』之名詞，亦無『非直接之武力解決』一語，且通篇更未有『直接』『間接』等字，不知該報記者戴何色眼鏡而能以無有斯，真舉世無一人能解者矣。今之墮於黨見者，每好斥人爲『文義不通』，記者則深哀其良心之已死耳。附志於此，以質國人。（記者）

《民意報》案之解决法

新紀元九月十日《民立報》

《民意報》停版，姑無論總統府有無照會法使，而當駐津法領勒遷以後，政府無一言争持，其於保護人民言論自由溺職已極。猶憶戴天仇被捕，政府尚電飭交涉，使力争以彼例此。豈真每况愈下耶？

政府誠欲表示其無他，第一義在與法人力争，次則商之《民意報》。記者今其入華界出版，僅僅由梁士詒空言辨護無益也。

全國决心

新紀元九月十一日《民立報》

中華民國取大中國主義，滿、蒙、回、藏諸兄弟今皆中國人也。中國者，中國人之中國，有敢離間我兄弟、毀我中國人之中國者，我中國人必以全國之决心對待之。此非誇大之辭，公理所在，天職所在，易地皆然，美利堅者，亦美利堅人之美利堅也。

然使空言决心，則雖非誇大而人必以誇大目我，故欲以全國之决心對待外力，則必先以全國之决心鞏固内治。自今以往，競争其庶幾息乎？私見其庶幾泯乎？强有力之政府成，而中國自爲中國人之中國矣。記者以北十省議員談話會，有『以全國之决心對待外人助蒙爲亂者』之語，乃敢以此進於國民。

知其難而爲之

新紀元九月十三日《民立報》

民國不願有拿破侖，却不可無拿破侖的精神。拿破侖説：『難之一字，法國字典中是没有的。』

人家都怕袁世凱做拿破侖，我説真能學拿破侖者是孫中山，孫中山生平蓋不知天地間有難事者。推（播）〔翻〕數千年專制，建造五大族共和，昔日之第一難事也；借六十萬萬外債，造二十萬里鐵路，今日之第一難事也。中山知其難而爲之，昔日之事既成功於今日矣，今日之事行伫看於十年後耳。袁總統知中山之能任萬難，毅然以大權相屬。國民又何畏難苟安，而不以群力相助哉？

無爲外國人出力

新紀元九月十四日《民立報》

△反對一千萬磅之借款

一千萬磅之借款，中國人無反對之理由也。反對者，六國銀行團與六國銀行團有關係之外人耳。

一千萬磅之借款無監督條件，破六國銀團之壟斷，《民國西報》馬素君已痛言無反對之理由矣。中國人有反對此借款者，或爲外人作間接先鋒隊之報紙耳。

讀今日路透電，外人之破壞此借款者至矣。苟爲中國人，宜無再爲外國人出力。

洪水禍

新紀元九月十五日《民立報》

友人梁君有庚郵示《青田洪水禍》筆記（見昨日本報十二版），述洪水始末及災區待振情形，一字一泪，慘不忍讀，鄭介夫《流民圖》不是過也。

青田如許大水灾，釀成於三點鐘短時間，此就禍作時言之耳，實則數十百年以來，國民之惰力所以蘊蓄而釀成之者，蓋巧歷所不能計矣。『山泉積溜，穿地成穴，大雨暴潰，轍日發蛟』，蛟果何在哉？地質學至淺之理而我不之知，在文明國家則虞衡專官早隨地預防矣。天灾難逭乎？抑人事未盡乎？

民族同胞各愛其類，社會政策首重救貧。記者敬述梁君之言，先代青田餘民亟求緩死之策，若夫根本救濟如培植森林、如疏浚水道、如宣泄山泉積溜，國民亦當次第謀之。果三點鐘之短時間一到，雖十萬生靈、億兆財産，寧足贖哉？

吊乃木大將

新紀元九月十六日《民立報》

『山川草木轉荒涼，十里風腥新戰場。征馬不前人不語，金州城外立斜陽。』此非乃木喪子後在軍中之作乎？噫！風雲帳下奇兒死，鼓角燈前老泪多，吾亦爲之悲。

往在東京，遇乃木於電車，白髮一老，雜於衆人之中。不視徽章，不知其爲名將也。

昔其二子，駢死戰場，今其夫婦，雙殉國恤。鄰國失一模範軍人，吾不能不吊。

日本軍人中，乃木對政治上極冷淡，而山縣與桂氏則野心家也。今乃木氏之慘死，有謂其痛心於桂氏入宫干政者，故出於此。然乎？否乎？存之，姑備一說。

英人果愛我乎

新紀元九月十八日《民立報》

本社北京訪電，述千萬磅英款中變事，始末頗詳。内叙駐京英使談話，謂六國銀團愛我，英國外交政策愛我。記者讀之，且感且疑。

十萬磅借款，亦取之於英，草約既訂，無端中變，於國際商業之信用獨無損乎？六國銀團果愛我，胡不稍自貶損其條件，而轉堅持以乘我之危乎？英國外交政策果愛我，胡不稍抑六國銀團之壟斷主義，而轉破壞新借款乎？且既主維持領土，不主瓜分中國矣，胡不於滿蒙事力持正論，而轉於西藏爲日、俄作倀乎？

中英交誼夙篤，記者深感英使之言，而不能不疑其口惠而實不至，此亦非英之利也。今大借款復活，西藏事亦在交涉中，英人果愛我，當必有以慰我矣。

答或問

新紀元九月十九日《民立報》

或問記者：《民權報》之惡聲未止，而公等防衛之道已弛，何也?曰：《民權報》處心積慮於本報，而其聲罪致討之第一篇文字乃僅僅就《民意報》案揑詞以相誣，鼯鼠之技使人易見，正當防衛亦有所不值，記者早言之，後雖有言，不之復也。

况《民權報》謾駡之技，尤每况愈下。邇日所言，非詛人短命，即咒人斷氣。村嫗口吻，記者雖無似，寧忍效之？其他駡人文字亦皆羌無實證，徒搜集字典中名詞，足以代表其齷齪腦筋者，盡舉而實之篇幅，稍有涉及法理者，則皆法國統領對於議會負責任等語，其自身之價值如彼攻人之手段，如此防衛又奚爲者？

吾輩今日本當同心協力捍禦外侮，徒以是非曲直不可不明，忍痛相辨原非得已，今若此則尤而效之，罪又甚焉。本報前此之防衛，蓋猶重視《民權報》之一念誤之耳，而今而後，吾知免矣。

尊孔與祀孔

新紀元九月二十日《民立報》

國事未定，想吃冷猪肉者又紛紛争孔祀矣。人方興高彩烈，我何忍以一筆抹殺也。發問如左，平心研究之，可乎？

（一）孔子果宗教家乎？《民國約法》『信教自由』，胡爲别孔教於耶、回、道、釋以上，而獨崇禋祀？

（二）孔子非宗教家乎？哲學倫理，『崇拜自在人心』，何取乎春秋大祀之虚文，而儕哲人於神道？

（三）祀孔果有益於政治禮教乎？滿清末造，覆轍非遥，教育宗旨揭櫫於先，大祀典禮鄭重於後，何以清政日益混濁，人心日益虚僞，竟至淪胥而不救？

記者之意，以爲尊孔是一事，祀孔又是一事。尊孔爲個人之景從，祀孔乃國教之專制。真能尊孔者，必不拘拘於祀孔也。

智出瘋人，下矣

新紀元九月二十一日《民立報》

章太炎致共和黨書，詆黄克强、陳英士爲匪，論者以瘋人目之。嗚呼！章太炎豈直瘋人已哉？其詆黄、陳爲匪，瘋人之類也；其假托外人之言，謂袁總統宴中山爲請匪，瘋人之所不忍出也。

吾意各國公使却宴爲事實，臨時政府未經承認，正式大宴各使不願列席，我惟忍痛努力以求承認問題之從速解決而已。若中山爲首倡共和之奇杰，又曾膺民國第一期臨時大總統之選，豈以具世界智識之外人、有代表國家資格之公使而口不擇言，至以前清目革黨爲匪徒之眼光重誣我民國偉人？記者敢斷言其决不出此。而章太炎乃造爲此言，并援以爲例却共和黨之招宴。嗚呼！章太炎，爾非中國人乎？何亦不承認民國也？

瘋人不擇人而駡，不擇言而發，北賊南匪，皆無分別智，無是非心而已。故詆黄、陳之辭，不值一笑。獨其機械變詐，巧於傅會，假造外國謡言，自外於中華國民之列，則民國即有瘋人院亦斷不容爾章太炎輩也。

鐵道協會與鐵路協會

新紀元九月二十二日《民立報》

鐵道協會成立於南京，鐵路協會成立於北京。鐵道協會之宗旨爲指陳鐵道利弊，監查鐵道行政；鐵路協會之宗旨爲聯絡路上同人感情。鐵道協會正、副會長爲孫中山、黄克强，鐵路協會正、副會長爲梁士詒、葉恭綽。鐵道協會會中之分子爲學生、爲研究路工進步之人，鐵路協會會中分子爲官僚、爲維持路事現狀之輩。鐵道協會上冠以中華民國四字，而鐵路協會上亦冠以四字，曰『中華全國』，其意蓋謂中華民國全國，不知中華民國四字已成固定之名詞，萬不能割截而減省之。

敬告世之有志路事者，先於以上諸點詳細辨別，毋誤此而入彼也。

袁黄之言

新紀元九月廿三日《民立報》

△參觀本日北京專電

袁之言曰：『現在世界專制國斷不能成立，非建設共和不可。』大總統有此見地，更當有此決心，脚踏實地做去事。事以公天下爲志，民國國基不患不鞏固也。

黄之言曰：『凡中華民國之人民，無論在政界、在社會，須出真實愛國心以贊助大總統建設之偉業。』我國民聽之，真實愛國心者，阿附大總統無當，醜詆大總統亦無當，事事以國家爲前提，而出以正真之監督，建設事業不患不速就也。

袁稱黄爲磊落英雄，誠篤君子，有武備的精神，有百折不回之真愛國心；黄稱袁一方面要維持破壞秩序，一方面要建立共和基礎，其爲國宣勞之苦心及一切規畫尤爲感佩。記者讀此深信爲袁、黄二公披肝瀝膽之言，願我邦人君子稍戢其造謡之技（今日造一電黄主張以兵力辦國民捐，明日造一電陳言小德可以出入極端，罵人材料横添無數，而國民之耳目苦矣），更毋以小人之心相測，謂此爲一種交際手段，重誣我誠篤君子也。

我所希望於趙總理者（一）

新紀元九月二十五日〔一〕《民立報》

陸徵祥辭職，趙秉鈞繼之，超然總理仆而國民派總理起矣。國民黨今在議院實顯然揭多數黨之旗幟，在理政黨内閣可即時成立。然聞趙任總理後，其餘閣員不再另行組織。此則國民黨維持大局，不汲汲争政權之苦心所能與天下共見，而吾人政黨内閣之主張亦不妨達之以漸也。

〔一〕抄本誤作『二十日』。

趙秉鈞以國民派總理組織混合内閣，與唐紹儀以同盟派總理組織混合内閣，其外形略同，然實際上則趙已增進一步，即昔日同盟會未爲議院多數黨，而今日國民黨已占大多數於議院也。唐内閣之倒在力尊《約法》上，責任内閣之精神而未得議會中多數黨之助，今趙總理可無慮此。然則責任内閣其庶有真正實行之一日，而不復使總統當政治之衝乎？記者首望之矣。

我所望於趙總理者（二）

新紀元九月廿六日《民立報》

我國《約法》明采責任内閣制，在行内閣制之國，其政府宜爲强有力者。而我獨不然，此由内閣與議會實際并未溝通，即閣員政見亦不必一致，遂致責任所在，總統與總理時有不能分明之處。政府日在危疑震撼中，又烏能爲强有力者耶！

今趙内閣雖未爲政黨内閣，而正議會政府漸相接近之際，果内閣能制定政治大方針，閣員一致進行，不僅爲總統供疏附奔走之役，則責任内閣可漸舉其實，而强有力之政府亦庶幾可望。故我所希望於趙總理者，更在提挈閣員速定大政方針，若商榷之餘閣員有不與總理同意者，則當然使之引退耳，如此則雖無政黨内閣之實，而政見不患不一致也。

六國銀團失敗感言

新紀元九月廿七日《民立報》

六銀團之失敗，六銀團自取之也。我方歡迎外資，寧於彼而獨靳之？顧必以有損主權之條件，脅我訑訑之聲音顔色，拒人於千里之外。——今之决裂我不任咎也。

觀千萬磅債票發行之佳況，可徵歐人對我財政之信用，本無監督條件之必要。六銀團之要求，非我友邦國民之公意也。今之决裂，吾人固引以爲憾，而或以是得與友邦國民之真意相接近，達我歡迎外資之决心，則未始非我國之幸。

少數資本家之私見，豈足敵我友邦國民之真意？六銀團之失敗，正國民外交進步之證。惟各國政府猶有庇銀團以違反輿論者，如昨日路透電所傳英使朱爾典以付還舊債相要挾，勸我勿續議新借款，則吾人於據理拒絕之餘，更不得不爲之痛惜也。

革命紀念

新紀元九月廿八日《民立報》

去歲武昌起義之八月十九日，實爲陽曆十月十日。今參議院决以是［日］以爲國慶日，吴稚暉先生名之爲

『雙十節』。盛矣哉！革命紀念也。

北京革命紀念會本定明日舉行，現亦改從十月十日，以昭一律。誠以國慶日將與民國無極自一年、十年以至千百萬年，咸當於是日行之，不必以最近之感觸拘拘於八月十九也。

然回思去年今日，鄂渚大捕革黨，風聲鶴唳中拼頭顱、絞心血，義旗一舉，薄海歡呼。人孰無情，詎能忘此？記者以爲，明日之八月十九，有心人當寄其獨致之深情，而全國歡慶則當然在重十節也。

舊年今日之武昌

新紀元九月廿九日《民立報》

△專制末日

舊年今日，瑞澂、張彪肆虐武昌，氣焰不可一世。覽其封奏，革黨定期八月十九日起事，現機關已破，首要已獲，大有『莫予毒也』之概。庸詎知霹靂一聲，震起暮鴉，此專制腐鼠即於此八月十九夜半倉皇出走。而至於今，此八月十九者，又已演爲民國永永紀念之雙十節耶！

吾人慶共和之成，尤當記專制之苦。此八月十九以前，吾父老昆弟之死於苛政者，蓋籌策所不能計。專制末日之將至，淫威愈張。薪絶而火忽明，彭、劉、楊三烈士之死，武昌幾爲廣州第二。乃義旗一舉，薄海景從，專制政府終有惡報。如若不報，無常未到。去年之八月十九，早爲專制政體永永絶迹之末日矣。

二十世紀中，無專制國立足之餘地，即無去年之八月十九，而民權大義亦必終有昌明之一日。特慮吾人浸自滿假、競爭私利，使此專制惡魔乘虛復入，則多經一番變亂即多傷一分元氣，雖專制終不復活而吾民苦矣。國民當記取舊年今日之苦況，時以同心建設爲志也。

血耶泪耶

新紀元九月二十九日《民立報》

去年今日，前赴後起。江漢湯湯，烈士之血也！

今年今日，興高彩烈，四顧神州，倒懸未解，其頌歌乎？其血泪乎？

顧今日之紅報，所以志昔之血痕，更所以志今之泪痕，讀者其哀我乎？

告日本人

新紀元十月一日《民立報》

日本對我外交，根本上無不謬誤。民軍既起，伊集院猶昌言於衆，謂我國非君主不治。此次倫敦借款，日人又謂我必無成。及觀債票發行佳况，舉國相顧錯愕，而種種謬論又起矣。

日人常自詡，願得東亞外交之發言權。吾謂日人宜先求外交上之常識，果使料事之明時復如此，外交史中且引爲笑柄矣。借款自由，六銀團以何權力而可迫我取銷新款？且六銀團即解散，各國各出其獨立之主張，亦豈能破國際之均勢、蔑條約之規定，而一二國可悍然行其不韙者？夫日人豈至無常識若此？綜其受病所在，利欲所蔽詖辭隨之耳。然日亦何利焉？日人其亦早自覺悟，以爲東亞和平之福哉！

無限傷心話好人

新紀元十月二日《民立報》

昔人有言『好人者，無用之別名』，這個話實在是不錯！不錯！

黎元洪，一種人稱爲好人者也，用人不當，處事無識，把武昌弄的一團糟。

孫道仁，亦一種人稱爲好人者也，前門怕狼，後門怕虎，把福州弄的一團糟。

嗚呼！豈好人真誤事乎？曰：『不然！不然！欲無用［爲］有用，不特誤蒼生，并誤僞好人矣！』

歡迎中之愧耻

新紀元十月三日〔一〕《民立報》

千萬磅借款告成，吾人於歡迎之餘蓋不勝其愧耻之意。國力積弱，六銀團干涉，無術嚴拒。賴新借款團奮力與抗，幸不隕越。而六銀團阻抑匯兑，我又無一國際銀行可爲助力，雖麥加利勉任其難，而磅虧益不可算矣。

〔一〕 抄本誤作『九月十二日』。

國勢至此，無羞惡之心者，非人也。

如上所言，或且以力不從心爲解。然使存款於匯豐、東方、正金、道勝、德華、花旗諸銀行者，一旦取而盡寄於麥加利銀行，麥加利現金有餘，六銀團即阻抑匯兑又何所施？此一手足轉移之勞，於彼富家翁信任外國銀行之心理亦一無出入，而尚無人爲之者。然則是不爲也，非不能也。國民之愧耻，又何如耶？

殺人後之罪狀

新紀元十月四日《民立報》

凌大同槍斃。社會黨電黎元洪，請宣布罪狀，理正辭嚴，然而未免迂矣。真正罪狀有口供、有佐證，必宣布於未殺之時，既殺以後，雖纍千萬言有何用處？張、方之死，海内嘩然；比饒漢祥自京返鄂，而十大罪狀成於俄頃；今凌大同既死，死之時又不知作何狀。以副總統之威殺人如麻，秘書廳之筆鍛詞如鐵，區區一凌大同罪狀何難之有？然而凌既不能言，天下人亦不能相信。

而今而後，吾不願吾國有殺人以後之罪狀。殺人以後之罪狀，乃專制民賊之所爲，除濫殺外，更當負誣世惑民之一罪者也。

鄂事痛言

新紀元十月五日《民立報》

路透電，武昌當道對於本地軍隊頗懷疑念。嗚呼，噫嘻，黎元洪過矣！張、方案起，議員憤噪，彼時聯名電詰，聲勢洶涌，一若欲得鄂議員而甘心者，非湖北軍界也耶。湖北軍界奉黎元洪若此其厚，而黎元洪之報湖北軍界乃若此其薄，又一若倚客軍以防制之者，吾爲鄂軍痛！昔以鄂軍劫議員，今又似客軍劫鄂軍。劫不止殺亦不止，行且有衆叛親離之一日。黎氏自取不足惜，如大局何？

國民黨内閣〔一〕

新紀元十月六日《民立報》

政黨以政見結合，自信其政見之足以利國，謀政見之速於進行，而運動政家入黨。政家以政見相同之故，應政黨之運動而相繼入黨，此爲政黨史中應有之事。今國務員全體應國民黨之運動而加入，自吾人視之，了無足异。

〔一〕原作『鄂事痛言』，次日有勘誤，改爲現題。

所可喜者，今日國民黨爲參議院多數黨，而國務員亦全體加入，嗣後立法行政之鄀或可逐漸打破，以實行内閣制之精意，一也。國務員既全隸國民黨籍，即可謂之國民黨内閣。政黨内閣之基礎既立，嗣後之組織内閣者，或能於入手之始即爲真正之政黨内閣，而强有力之政府以成，二也。内閣既出於參議院之多數黨，當可得參議院之擁護，臨時政府期内不至再有動摇，而正式國會可早日成立，三也。讀克强先生演詞，當有表同情於□者矣。

惟英雄識英雄

新紀元十月七日《民立報》

國民對於總統，有指導而無謾駡。然謾駡者亦振振有詞，以爲總統專制，民國岌岌。今讀中山先生演詞，誤解既祛，謾駡派或亦稍悟。

孫、袁交歡，國民皆信其至誠。有謂爲外交手段者，臆測傅會，非有心人所願聞。昨中山先生演説，以誠摯之態度，表血泪之言詞，黨員數千人肅穆静聽。此種無謂之懷疑，亦自此消釋矣。

血兒謂惟英雄識英雄，吾人於此，益以信中山先生者信袁總統，而媚袁之議亦庶幾免夫。

營業自由

新紀元十月九日《民立報》

新借款成立，六銀團阻止匯兑，而自號於衆曰：『營業自由。』〔（見昨報北京電）〕[一]嗟乎！營業之自由衆矣！盡取六國銀行之存款，而轉存於國内或六銀團以外之外國銀行，庸詎非吾國人之自由，而無如吾人之放弃，何也？進言之，則不用六國銀行之鈔票，亦營業自由也。執役於六國銀行者，相率而休業，亦營業自由也。吾亦知此爲擾亂市場之事，然正與阻止匯兑同耳，彼可自由我獨不可自由乎？而更無如吾人之放弃，何也？彼六國銀行團亦深知吾國人之放弃自由，乃敢主張其如此之營業自由耳。嗚呼！噫嘻！

不忍池邊痛滿洲

新紀元十月十二日[二]《民立報》

△請看日本人之紀念明治

日本東京現開拓殖博覽會，會期十月一日至十一月念九日，中分五館：一臺灣、二樺太、三朝鮮、四北海

〔一〕 抄本無『（見昨報北京電）』語，據報紙補。
〔二〕 抄本誤作『十一日』。

道、（正）［五］關東州，日本人以紀念明治國運之發展者也。

關東州非他，我之滿洲是也。關東州館内純以滿洲特産品爲裝飾，且又建有滿洲人家屋之模型。日人眼中，乃視我滿洲與北海道等，國民思之痛乎不痛？

臺灣、朝鮮，我不得不忍痛割愛，聽其隨東方美人而去。若滿洲則依然我領土也，日人乃如此！國民於歡祝國慶之餘，試一回首上野公園之不忍池畔，當更有發憤而起，不忍睹山河之淪破碎矣。

平民主義之試金石

新紀元十月十四日《民立報》

勛位爲特造之階級，於平民政治立國之精神有妨，更於《約法》上勛章榮典之規定無涉。當總統公布此令之時，記者即有文論之。不幸言論家未能一致，參議員亦無注意及此者，一誤再誤，而國慶聲中乃有總統特授勛位之命令矣。

明道不計功，惟持真正平民主義者能之。首創革命之偉人方日求平民主義之實現，何嘗計功？孫、黄二先生電辭勛位，自居平民，官僚積習之黨徒讀此能無愧煞？

制勛位者誤於前，受勛位者不必誤於後，使人人以孫、黄二先生之心爲心，力辭勿受，使勛位令僅爲臨時政府期内之一僵石，寧非中華民國之美談？然而人心不同，記者殊未敢臆想也。

最近政局之奇觀

新紀元十月十五日《民立報》

最近政局，不滿人意者頗多，就今日報端所揭，已得二事。三多何人，非去歲在庫倫債事之副都統乎？活佛獨立，固受俄人煽惑，抑三多之負國實甚？今又授爲盛京副都統！民國用人，何顛倒若此？意者其別一三多乎？不可解者一。沈秉堃可任内務總長否，爲别一問題，而軍警固萬無干涉之理。况維持治安之責，即軍警自身負之。今竟敢上書總統反對，且謂『不敢擔負責任』。咄咄怪事！政府猶縱容之，徒聞總統因此爲難。不可解者二。

嗚呼，參議員！嗚呼，國民！

新紀元十月十六日《民立報》

參議院每日開會，僅午前數小時。揆之各國議會成例，午前後均出席議事者，已有曠職負國之嫌。而今復減去其半，一周之中出席者僅十二小時！以臨時政府期限之迫，亟求解决之問題無限，而參議員翫愒至此，負國民甚矣。

參議員負國民，國民亦負參議員。參議員之無故缺席與紛紛請假出京，國民一不之問。甚至黨見所中，聞議員缺席，使彈劾案不能成立（彈劾案不當，自有正當反對之法，無漫然缺席之理），則欣然色喜。議員知國民之易與，益相率自便其私圖，以有今日之怪象。則雖謂參議員之溺職，國民釀成之可也。

嗚呼，參議員！嗚呼，國民！

明德新民之第一事

新紀元十月十七日《民立報》

『時間即黃金』，歐人耳熟其語，吾國人不之知也。無論公私集會，能如時而至者十不得一。一時之會恒至三時，三時之會恒至五時，而到會之寥落又無論焉。

秕政易除，惡習難革。革命以來，萬象更新，獨此按時赴會之事，終覺與吾人不習，而人人又以小不善忽之，故舊染未易遽絶。

吾則以爲，人類之不善無逾於此。自其對己而言則無自治力也，自其對人而言則無公德心也。況共和國民所需集會議事甚多，此弊不革，國利民福之暗暗耗損者不知凡幾矣。

今其弊已大見於參議院！參議員亦出自國民，故吾責參議員，吾先望國民之痛自改也。

紀念日中之紀念日

新紀元十月十八日《民立報》

孫中山第一次在粤倡革命爲九月九日，廣州爲三月十九，武昌爲八月十九，吾《民立》出世又爲九月九，剥極泰來，其惟九乎？願此後億萬斯年，過一佳節，吾民之舊習革除一日。

噫！風雨重陽，昔人所詠。孰意前年重九，凄風苦雨之重九；去年重九，金風鐵雨之重九；今年重九，竟爲和風甘雨之重九。

黄花晚節香，吾祝《民立》！吾祝民國！

紀念日之餘談

新紀元十月十九日《民立報》

吾《民立》出世之日，即孫中山第一次在粤倡革命之日。重九，真民慶日哉！惟第一次革命事，知者較鮮。昨報揭載後，或以此見詢，兹得中山先生一電，亟録於下：

廣州胡都督并轉各界公鑒：九月初九爲乙未歲第一次倡共和革命失事之辰。烈士陸皓東殉，然附同赴義者有臨時招募之朱貴全、邱使二人，并波累程曜臣、程奎先獄死，故當日有朱、邱、陸、程之稱。此役之日，陸君主動，同謀者除生存人外，則有鄭弼臣、楊衢雲二人。第二次惠州起義，鄭君身臨前敵轉戰，積勞而歿。楊君在港運籌，被刺而死。又有烈士史堅如殉義於羊城，日本義士山田良介陣亡於惠州。今逢武昌起義之辰，全國慶祝，以賀成功，追思木本水源，皆胚胎於乙未、庚子二役。而上所述之人皆已亡歿，自民國成立以來，曾未一爲之表彰，［文實悼之。敢請我粤同胞於九月九日大開追悼會，以表彰］〔一〕幽烈，并捐款分别追恤各烈士之後人。文先捐千元，請都督墊支，續當寄壁。孫文叩。

參議院與國民

新紀元十月二十日《民立報》

參議院改時開會，而後至者仍多，惡習慣之害人深矣！

政府特派員遇要事時輙不至，參議員以爲言，吾知特派員心中必謂參議員亦時時缺席，奈何責我？是故正人必先正己。

國民責參議員，參議員亦未始無詞，以爲社會普通習慣如是，何有於我？然則國民宜先自責，宜先求改良社會。

〔一〕據報紙補。

參議員郭同并未請假，擅自出京，聚賭吃烟，見惡鄉里。而被拘以後，言論界（獨）［猶］有爲鳴不平者。國民程度如是，尚復何言？

教育界之風潮

新紀元十月廿二日《民立報》

大學，校有風潮。清華學校、女子師範學校亦皆有風潮。然嚴又陵去，而唐國安、吴鼎昌留，真是有幸有不幸！

十年以前，學校風潮甚多，近已漸少。吾人方爲教育界慶，不謂部轄之校忽又多事。顛而不持，危而不扶，教育部不能辭其責矣！

以誠待人，以公治事，雖有風潮，不足平也。其要尤在校長之得人，若唐國安、吴鼎昌輩，則吾不能無疑。

問交通部

新紀元十月廿四日《民立報》

施肇曾密電披露，而知招商局國有之辦法。如是！如是！

公債票六百萬，現款二百萬，使竟實行！直接侵股東之權利，害猶小；間接損公債之信用，害更大。

不足則以招商局産業作抵，更有滙豐銀行爲後盾。在滙豐固求之不得，在辦事人尤有恃無恐，然如航業前途何？

擴張路綫航業，勢難辦到。宗旨如此，則收回國有以後，其敷衍糊塗可知。

温宗堯電部辯誣，部覆無庸誤會，今電中明言宗堯贊成丁説，不知交通部與施肇曾更有何詞？名爲國有，實則盛、施諸氏所有耳。施肇曾忠於自謀，何足責？吾第問交通部，何故縱肇曾干預於前，又爲肇曾掩蓋於後［（觀復温氏電可知）］〔一〕也？

六銀行爲能制我死命耶

新紀元十月廿五日《民立報》

六銀行專横，各團體倡議提款抵制。滙豐經理希利司乃昌言於衆，謂『大宗存款半屬定期，零星小數操縱至易』，一若以提款抵制爲毫不足慮者。

記者曰：希利司之言誠是也，然亦視吾人愛國心之如何。愛國心能持久不變，則定期存款終有到期之一日。到期以後，六銀行無如我何也？况提款以外，若不用鈔票，若執事銀行者全體休業，皆吾人絶對之自由。果至

〔一〕抄本無『（觀復温氏電可知）』語，據報紙補。

忍無可忍，則擾亂商場之責固在彼不在我乎！

是故，今日所慮不在六銀行壟斷伎倆之百出，而在我國民愛國精神之不真也。

行政諮詢員

新紀元十月廿六日《民立報》

各省都督代表，其性質不明，近改爲行政諮詢員，趙總理又爲擬定權限五項，似乎稍有實際可尋矣。及觀袁總統提出諮詢事件，臚列民政、財政、軍政三項，項各有目，凡爲目者十五條，又皆關重要〔（參觀昨報北京電第七條）〕[一]。驟視之，頗似科舉時代皇帝召集貢士臨軒策問者，然則又爲之軒渠不置也。

政治智識，各有專長，都督代表非前清時代萬能之候補道，奚能於軍、民、財三政一一置答？況倉猝應召，調查無籍，顧問無人，强爲置對，於事奚裨？深不解政府諸公好爲此紛擾無益之舉，意究何居？果欲實知各省情狀，因地制宜，則由立法機關派遣議員實地勘驗可也。由政府與國民之合力創辦國情調查會，亦可也。焉用以此苦行政諮詢員，而使之埋頭伏案答無謂之策問也哉？

〔一〕抄本無『（參觀昨報北京電第七條）』語，據報紙補。

歡迎日本視察團

新紀元十月廿七日《民立報》

日本衆議院議員視察團現已抵津，津人歡之，禮也。

此次來游諸君，爲鄰國國民之代表，由政黨各派協議會所派遣，而抱有視察民國之目的者也。以諸君之學識經驗，而實地考察吾國之政情，其有以袪前此之誤會而增進兩國之睦誼，蓋不問而知。

自去秋武漢起義，日人對我輿論殆無不出於誤會者，若大隈重信、大石正（已）［巳］，以及中島氏等，其所持論皆足挑撥兩國之惡感。使長此不變，甚非東亞和平之福。而變之必有其機，今其機固在視察團諸君之身矣。

莫禮遜亦外賓也，此次重來北京，深信中國真有進步。諸君初出國門，惠然來游，其所見亦有與莫氏同者否耶？見仁見智，視察之慧眼自在諸君。記者之希望，則求諸君毋挾成見而來，足矣。

質岑鎮撫使

新紀元十月廿八日《民立報》

岑鎮撫使函各報，爲黄培松辯護，其辭甚辯。惟記者之愚，尚有不能無疑者，請書以質岑并質國人，可乎？

寬其既往，不得再肆誅求，與授以重柄，使之更參機要，其意義是否相同？疑一。黄花崗諸先烈不妄殺一人，不掠取一物，何害於地方之治安而勞黄維持？疑二。謂以國家爲前提，此國家何指？意者滿清歟滿清朝廷也，而非國家者也。疑三。黄培松忠於職守，故可用以黄例。岑則剪鬚易服，倉皇出走者。忠歟？抑不忠歟？疑四。段、馮贊成共和，力請遜位，黄培松彼時不知逋逃何所，而可妄相比擬？疑五。

岑氏以無偏無黨自居，意謂黨争可惡也。記者謂競争誠可惡，然若陽襲無偏無黨之名，而陰行揚此抑彼之實，則其可惡爲尤甚。岑氏尚勉之哉！

隳公債票之信用者

新紀元十月廿九日《民立報》

招商局國有，吾人并不反對。[所反對][一]者，有損股東權利之條件耳。

新公司允出八百萬，皆現資。則政府收回國有，亦當以現資。

施肇曾之國有説，公債六百萬。熊希齡之國有説，公債四百萬。如賣菜傭争價添價。可笑！

[一] 據報紙補。

吾人亦知公債票之可靠，而國家財政困難，尤不可不提倡人民多購公債票。然提倡是一事，强迫又是一事。招商局股東取現金於政府，而自向中央銀行購買公債票可也。政府不能以現金與股東，而以自由購買之公債票强制股東承受，不可也。

提倡公債票，第一在堅固公債票之信用。果政府得人，則自有種種方法，可以使人民不得不信任公債票以誘起其購買之心。若如施肇曾輩之説，明示人以無錢，而以公債强迫抑勒，則人民且視公債票爲畏途。信用既失，雖有善者，無如之何矣！招商局事猶小，中華民國公債票之信用事大，可不慎哉？

荒謬絶倫之命令

新紀元十月卅一日《民立報》

△竟爲有辮者保持選權

共和宣布瞬將一年，垂辮之民猶纍纍！政府不自愧其失政，乃復特頒命令爲之保持選舉權。异哉！异哉！若以《選舉法》未有規定爲言，則須知《選舉法》之公布，尚在何時？果此數月之中政府克盡厥職，則髮辮早絶迹矣，庸有今日之紛擾？參議員不能逆料政府之溺職至此，而於有辮者無所規定，此豈可援爲口實者？况今日參議員又正提議實行《剪辮法》耶！

政府明知參議院之提議此案，而特先以命令公許之，以隱阻此案之成立，其居心尤不可向。吾謂參議員宜益奮其强毅之氣，俾此案早日通過，以修正《選舉法》之未備，而杜反對派之口實。國民尤宜持嚴重之監督，果至正式國會成立時，而猶留髮辮之污點，則政府溺職之罪，國民萬萬不能容忍恕之矣。

討利用保辮黨者

新紀元十一月一日《民立報》

保辮黨之心理，必不尊重選權。今之争執，則皆利用保辮黨之頑固，以圖便其運動者之所爲也。彼輩所持之説，不外二端：一則謂《選舉法》未有規定［也］，再則謂選舉調查册已藏事也。前説吾已辭而闢之，後説則更無論駁之價值。蓋辮之爲物，十目所睹，今欲奪其選權，殊無重行調查之必要。監視選舉者稍留意於投票之際，命垂辮者勿入場，於事足矣。設彼必欲得選權，則剪辮而進可耳。此有何紛擾之可言？而竟據爲反對之理由，則司馬昭之心，固已路人皆知矣。

保辮黨可惡，利用保辮黨者尤可惡。而以中華民國臨時大總統至竟爲利用保辮黨者所利用，則吾更不知其可惡之至於何地也！

痛心語

新紀元十一月二日《民立報》

岑春萱自稱無偏無黨，而到閩以後，官僚派氣焰大張。閩人高種者，當滿清時曾主張二十年後方可立憲，今居然署司法司長矣。

黨争劇烈，辮子反受其庇蔭。有反對辮子之甲黨，即有贊成辮子之乙黨，而反對辮子者且受把持、擾亂之惡名矣。

德文報造謡被控

新紀元十一月三日《民立報》

△休矣，六銀團走狗

《民國西報》之風潮未終，《德文報》之控案又至。然二者之事實適得其反，前者以主持正義爲奸商所惡，後者以捏造謡言爲法律所不容也。

《德文報》昨日北京電，載新借款代理人麥加利銀行不能交款，中政府向六國銀磋商，始在倫敦交十萬磅以濟眉急云。此蓋受六銀團之運動，捏造黑白以毁壞麥加利名譽者，非尋常造謡比也。

今麥加利已延哈華托律師向德公堂控訴《德文報》矣，吾人於《民國西報》事曾寄同情，今對於此案亦宜有特別之注意，勿徒如隔岸觀火也。

告謂我利用剪辮黨者

新紀元十一月四日《民立報》

有謂我利用剪辮黨者，此語我甘承認之，何也？如彼輩所云，我利用剪辮以抵制他黨，是必他黨中實有不剪辮者，而後我得抵制之也。共和宣布且一年，而猶有不剪辮之政黨，而猶有面目以運動選舉，則豈特我欲抵制之，即一般國民亦孰不欲抵制之也？

特不識所謂他黨者，果何所指歟？嗚呼！共和，共和，天下幾多罪惡假汝之名以行也！

吊郝門李將軍

新紀元十一月六日《民立報》

吾祖國有言：『合則立，分則裂。』此美國自由黨郝門李將軍於南京政府成立之頃，書以勉吾《民立》，并勉吾國人者也。曾日月之幾何，而將軍已逝，吾人能不灑一掬同情之泪哉？

將軍，愛自由者也，十年以來助我争自由之花，植基而未固，逝者有知，將軍其不忘吾國乎？

吾吊將軍，吾益思將軍之言，吾惟自勉於合以蘄民國之屹立於世界，而永永不復有分裂之機而已。

招商局問題與黨派何涉

新紀元十一月七日《民立報》

△大多數股東之議決

招商局問題與黨派何涉？股東大會議決改組新公司，此多數股東非皆同隸於一黨也，董事會執行股東會議案，主持之伍君廷芳則又共和黨理事也。股東［權］利所關，商律責任所在，何嘗有絲毫黨派之關係？而論者且必曰『黨争！黨争！』。吾誠不解其用心何在也。

辦事人運動國有不成，而阻撓之心未死，則思利用黨争之關係以擾亂天下之耳目。蓋自黨德之敝，幾無事不在黨争漩渦之中，而一入黨争，則其事亦更無公理可講。以關係國體之剪辮問題，反對者猶得目爲黨見，則招商局改組之可誣爲黨派關係自何待言？吾於是嘆政黨競争之日益卑劣，而招商局辦事人之手段爲不可及也。

誤徐寶山者，國民也

新紀元十一月八日《民立報》

徐寶山之縱恣，國民釀成之也。當《國民公報》案起，寶山曾馳電干預，破壞司法獨立。論者不責其軍人干政，而且許爲民國第一偉人。輿論顛倒至此，徐寶山何爲而不獨霸一方乎？

然誤徐寶山者，少數之國民。寶山果忍爲所誤，以負我全體之國民乎？鹽税非可把持，第二軍非可久擁，專制君主且死，况區區一徐寶山，何能與時勢相抗？寶山果英雄，宜速保全晚節，毋更輕信人言，既誤我全國之統一，并以自誤也！

蘇杭人忍自隳其天堂乎

新紀元十一月九日《民立報》

蘇杭向有『天堂』之稱，而今則不然，市肆蕭條，金融阻滯，企業之事日見其少，游手之衆日見其少。民國方興，有此現象劇可悲也。論者如諉過革命，則蘇浙光復，皆未用兵，非有滄桑之變，而入涸鮒之境，人之害蘇杭人歟？抑蘇杭人之自害也？

西江之水，正不在遠。僑寓者作速歸里，寄頓者取回營業。己（則）［得］其利，人亦沾其餘，蘇杭之福也。或以無業可營爲詞，則請舉一易行之例。蘇杭多織工，亦舊爲女紅産地，改良絲織品，設立美術刺綉公司，上也；易絲而爲布，集資立織布廠，次也。今上海、江陰等處織布廠，營業皆發達，獨蘇杭人智不及此。嗟乎！蘇杭人，爾忍自隳其天堂乎？

俄蒙訂約

新紀元十一月十日《民立報》

今世之外交，惟其實不惟其名。俄蒙訂約，雖無承認獨立之句，而實際與承認獨立無异，此國民所不可不知者也。

今政府已提出抗議，吾人且無庸詞費，惟當齊乃心志，以伫視抗議之結果如何。抗議者，政府之責；抗議而無效，則此後之責國民與政府共任之矣。五族之共和，約法中之領土，吾中華國民不忍使之稍有缺陷。告爾俄人，勿以蛆公之技來相嘗試也！

政府宜速派兵入蒙

新紀元十一月十一日《民立報》

△對俄抗議是一事　△對蒙急進又是一事

俄蒙訂約，政府已提出抗議。其抗議之手續，據昨日京電，則一面電駐俄代表向俄外部力争，一面由我外交部與駐京俄使交涉。記者逆知抗（戰）［議］無效，然此爲外交應循之塗徑。在對俄一方面，國民不得不含忿蓄鋭，徐觀其後；若對蒙一方面，則討叛定亂自有主權。今日之事，鐵血而已，不知其他。

蒙古爲我領土，當然無與人訂約之權，即與人訂約亦當然不能發生效力。派兵入蒙，我之主權。若謂該約有阻我派兵之語，故必待俄人答復而後徐圖出師，則我絶對不承認此約之意已隱爲銷失矣。對俄有抗議之餘地，對蒙無所用其徘徊審顧，此政府與國民所急，宜審辯者也。

共進會

新紀元十一月十二日《民立報》

不分黨與會，衹論匪不匪。共進會之宗旨，的是正大。而匪徒之利用共進會者，亦可憬然悟矣。共進會之設，在範圍前此秘密之徒黨，而納之於法律之中。是故，從前種種，既往不究；以後種種，有犯必懲。共進會者，共進於法律以内，有踰越法律之外者，則匪耳。匪者，會之所絶也。

吾人論事當有分别智。共進會成立以前，地方未嘗無匪。匪假會以行惡，匪之罪，非會之罪也。今議共進會者衆矣，得此言庶幾稍息。況『我不入地獄誰入地獄』，有心人能不共圖維持耶？

討計聚斂之民賊

新紀元十一月十三日《民立報》

商民苦厘金久矣。民國成立，困於財政，不能早除此種惡税已屬恨事，乃更聚斂小人變本加厲，日以增設厘卡爲事，直接病商，間接病國，斯真當與國民共弃者矣。

下關一厘，局值百抽二；浦口一厘，局值百抽二點五。以地之相近，税則已不爲輕。近忽於龍潭及下蜀街添設兩局，各值百抽二，均於下關厘局交税時帶徵。是由浦口渡江之貨物，須交四税，合計值百抽八點五也。嗟我商民，何以堪此？爲淵驅魚，爲叢驅雀，乃迫而爲挂洋旗、行洋單之舉矣。

誰爲厲階？寧財政副司金鼎及財政司厘捐股朱運生也。今之金鼎、朱運生何限？吾故假金鼎、朱運生之事明揭其罪，與國民共討之。

同心對蒙

新紀元十一月十四日《民立報》

蒙事大危急，撫久無效。抗議亦屬空言，非鐵血主義，事必無濟。然非全國一心，又烏能有真正之鐵血主義乎。

黨争正無已時，得蒙事振蕩之，其庶幾同心對外乎？吾望全國有政黨之地，速開各黨聯合對蒙會。更望全國新聞家，盡屏弃其瑣屑無謂之争，以鼓吹國民對蒙之决心。

蒙警聲中之國民態度

新紀元十一月十五日《民立報》

前清末造，人民苦政府之横恣，無術推翻，則往往假對外問題之起，痛詆當局以鼓煽國民排革之决心。此中妙用，識者皆心知其意，断非所語於今之時局也。今之政府，我民手自造之，對外問題起，無黨派、無朝野，當全國一心同謀對付。若仍以待前清政府者待民國政府，則直欲自亡其國矣。

向瑞琨之辭職，不知其意何居。工商次長，事務官也，於政治本不負責，輿論之掊擊亦不及，非梁如浩比，求去何爲？若以政府爲不可同群而去與宣戰，則向之就職有日矣，日與政府處寧不知其腐敗？乃必俟對外問題之起，而後以辭職擾天下耳目耶？向其有以語我來？

最近京電，各方面均同心一致。吾既幸向瑞琨流毒之不廣，乃更爲此言以告國民，俾毋爲若曹所惑！

蒙事大注意

新紀元十一月十六日《民立報》

俄蒙訂約爲中華民國存亡問題，非僅外蒙得失問題。本報之主張，首在喚起全國民之决心，銷釋内争，同禦外侮。未敢更爲枝節之談重擾天下耳目，使亡國之罪吾言論家實首尸之也。

本報欲喚起全國民之決心，甚願舉吾民同仇敵愾之狀，一一公布於吾《蒙警彙報》中。以今所聞，自京中政界一致結合外，若直、若浙、若粤、若桂、若鄂皆多聞風而起。夫以吾民之好義，奮發者寧止此数？望本社特派員注意，更望全國國民注意，有關於對蒙之義憤，幸速詳告。匪獨本社之幸，亦民國之幸也！

吾人决非仇蒙

新紀元十一月十七日《民立報》

今天下皆言征蒙，征蒙云者，征破壞共和之蒙人，非概與蒙人爲仇也。叛華昵俄乃庫倫一隅之事，與外蒙全體無涉，更與蒙古全體無涉。故吾人言征蒙，猶言助蒙民征剿土匪云爾。

蒙人，吾之兄弟也。觀蒙古聯合會之决議、在京蒙旂王公之陳請，其同仇敵愾之狀無殊於各省人士也。征蒙實征庫，故吾人言征蒙，吾人决非仇蒙。

政黨内閣决非反對總統

新紀元十一月十八日《民立報》

在行内閣制度之國，而欲尊重政治之責任；又在已有政黨發生之國，而欲實行一黨之黨綱——皆捨政黨内閣末由。是國民黨之主張政黨内閣，乃政黨當然應有之主張，與總統個人何涉？而楊度目爲反對之證據，异哉！异哉！

楊度即不明法理，獨不見事實乎？最近蒙事發生，國民黨力主一致對外，與聲討政府十大罪狀者何如？孫、黄二先生在京時，尤力與袁總統交歡，更力勸黨員輔助政府，國人皆共聞之。我輩以大局爲重，於總統個人，決無成見，固無煩楊度之顧慮。而楊度亦何能欺盡天下耳目也？

抑記者爲此言，乃明吾黨之態度，非與楊氏較短長。蒙氛奇惡，正吾人戮力對外之日。楊度疑我，我不必罪楊度，宝贵之論鋒當別有所向，此記者所更願爲吾黨忠告者也！

愛國之道

新紀元十一月十九日《民立報》

愛國之道，一其心不妨萬其塗。一其心所以共赴此的，萬其塗所以各盡所長。

征蒙事起，全國奮發，覘人心之未死，喜中華之不亡。然居者、行者，各有其責。不先安内，無以對外。今日各省之秩序何如？人民之生計何如？使長此擾攘凋敝，無論餉□匱乏，征蒙無以持久，而禍变且起於蕭墻之内矣。吾謂今日之事，有能努力安内，以爲政府征蒙□勁者，其功不在直搗庫倫下也。

以實力爲政府後盾

新紀元十一月廿日《民立報》

陸徵祥表示意見謂先交涉而後用兵，在外交總長固當有此言，且其言亦未爲無見。惟全國人民却不可因此鬆勁，種種征蒙計畫所能，以實力爲政府後盾者，均當急起直追。綢繆未雨，一旦交涉無效，則朝決議而夕即出師矣。

欲以實力爲政府後盾，則對蒙非可空言。最近直省議會所議，頗切實可行［（見今日天津特派員電）］〔一〕，願各省知所效法也。

救蒙會問答感言（一）

新紀元十一月廿一日《民立報》

救蒙聯合會代表與趙總理問答甚詳，此俄庫事件之真相也（見今日專電）。記者讀之，頗有所感。

哲布尊丹愚妄，久受俄煽惑，當清未亡，庫已思逞童騃意中，何嘗有民族主義？蒙人多数皆贊成共和，亦何嘗有慊於前此之民族主義？而時論或妄爲挑撥，若故授滿、蒙、回、藏以獨立口實者，今即不爲誅心之談，而其不明庫倫獨立之真相與多数蒙人之心理，則固昭然若揭矣。

自政改共和，五族平等，民族主義已處於成功者退之列。聞有以專制而倡民族者矣，未聞有以共和而言民族者也。況昔倡民族，即與民權并言，共和政體孕育甚久，在提倡三民主義之人，經營慘淡，煞費苦心，何嘗

〔一〕抄本無『（見今日天津特派員電）』語，據報紙補。

如論此所云之偏隘耶？

救蒙會問答感言（其二）

二十二日《民立報》

俄人在前清時對於蒙古已以三事相要挾：（一）不置兵；（二）[不置省；（三）][一]不開墾。此種條件清政府居然口頭承認，真是甘心亡國！殷鉴不遠，在夏後之世，民國政府慎毋蹈其覆轍。

民國成立，俄人继續要求，國務院、外交部屢次會議咸以暫置勿理爲方法。蓋俄人坚執三條，允之則亡蒙，不允則交涉終無結果，即理亦如勿理。內争方劇，何能以武力對外？此國民全體之罪也！梁如浩固無能，然獨蒙不理之惡名以去，未免（大）[太]冤。

庫倫主聯俄者，祇活佛一派最少数人，其大多数均通款贊成共和。然則吾人當聲罪致討者，僅哲布尊丹数逆豎耳。征蒙實征庫，記者早言之。昨見浙督通告將士文，開口即渾言蒙古部落，入後更未指明庫倫，幕府中未免太無人才。

[一] 據報紙補。

救蒙會問答感言（其三）

二十三日《民立報》

袁總統論俄蒙事，涉及總統責任問題，而惓惓於將來憲法之制定，此足供全國人士之研究者也。記者之意以爲，今世政制不外兩途，任取其一皆足强國。如謂總統制爲强國憲法，而内閣制爲弱國、亡國憲法，按之事理無有是處。其真能弱國、亡國者，則有總統制或内閣制之名，而總統或内閣殊無負責任之實耳。防閑與否乃心理上事，果疑人之防我者，即人實未防而自我視之亦有手足無措之概。袁總統固富於自信力者，奈何又以人之防閑爲慮耶？

救蒙如救己

新紀元十一月廿四日《民立報》

開魯縣赤峰州之人民皆我同胞也，聽蒙匪之殘殺劫掠而不能救，使蒙竟入俄，毒焰益肆，吾恐全國同胞將爲開赤人之續矣。

『救蒙有如救己』，陳英士之言何等透澈！勿謂蒙古遠在數千里外，吾儕且鼓腹而嬉也！

庫倫以外大有可憂者在也

新紀元十一月廿五日《民立報》

頭痛醫頭，脚痛醫脚，此吾國人第一受病處也。庫倫獨立且一年，注意者甚少，比俄約宣布，乃如大夢如覺。人人説征庫拒俄，然今日可憂者固僅止庫倫一方面耶？

西藏、南滿無論已，其餘亦禍機四伏。伊犁紙幣受俄人挾制，陝西石油向日人抵押，其利害何如，國民亦思之否耶？伊犁、陝西向政府告急屢矣，政府之不应，陝尚有石油可抵，伊犁將奈何？讀馮代表上外交部書（見二十日本報第二版），益觀焦頭爛額者之多功，而曲突徙薪者之不可得也。

有願爲煤油大王者乎

新紀元十一月廿六日《民立報》

他省借款多以税入作抵，而陝西獨以石油。石油，天然之大利也，今將抵押於人，我國人亦有動於心否乎？陝西起義後，東西拒戰，全省元氣耗竭，維持至今。當局已筋疲力盡，欲裁軍節餉，而請款中央，百呼不应，不得已而借款，更萬不得已而以石油作抵。吾人即諒其苦衷，然陝人志在得款，非有厚愛於日人，使有本國資本家起而承借巨款，陝人當更歡迎。以延長石油之産盛質美，采掘十年，不難爲全世界之煤油大王。敬告資本家幸勿失此機會！

中俄間之國民感情

新紀元十一月廿七日《民立報》

以俄人之横暴，而忽以國民感情爲言（見政團代表與袁總統之談話），意者俄有悔禍之心乎？然國民感情非可以空言轉移者，俄人既知此，奈何不取消庫約，而猶枝枝節節作無謂之争執乎？

國民對於俄人，含忍久矣！民國成立以來，俄人離間我兄弟，日挑撥外蒙之惡感，軍政、財政着着進行，我國民迄忍不與較。然鬱之久者，發之愈甚。庫約發表，全國震怒，公憤所在即公理所在，香港華商已不與俄銀行交易矣。恩怨分明，願俄人速示我以融洽之實况，然後再言國民感情可也。

中俄交涉之索隱

新紀元十一月廿八日《民立報》

政府對俄交涉，日以不損主權爲言。而對於俄人前提三條，已隱示讓步之意（見今日專電）。夫不派兵置省開墾，出於我之自由意志可也，出於俄人要求而又以條約拘束之不可也。

中俄對蒙之關係，有謂將如中英對藏之關係者。使果出於此，在俄固適如初志，而异日蒙事棘手尤必更甚於藏。俄狡詐非英比，英之於藏，半爲防衛印度起見，但使我國勿以西藏畀人，或東亞均势之局不破，英無取急進也。俄人則不然，侵略之野心無時或已。果我允彼三條，則我不置戍移民，而彼且陰以蒙爲外府，蒙患尚有已時耶？故蒙約如藏約，記者期期以爲不可也。

三大急務

新紀元十一月廿九日《民立報》

日人内田良平近著《日本之三大急務》所云『三大急務』者，大致以軍備充實爲主，而以行政整理與外交振作爲輔。書中詳述世界競争之大势，以爲國際競争優勝劣敗，全視武裝準備與經濟準備之完整與否，而國民精神與品性之修養則（由）［尤］競争之本也，故著此以促日人之自覺。嗟呼！日本如此，我國如何？願全國國民共思之！

鐵路厘捐之大害

新紀元十一月卅日《民立報》

厘捐病商，尤病鐵路，路、商兩病，國亦隨之，而計臣狃於目前終不一悟，哀哉！

津浦通車，陶局長倡寓徵於運。在厘捐未廢以前，此着差爲上策，而聚斂者反對之。節節抽捐，弊竇百出，今竟有浦鎮毀局之風潮。谁生厲階？至今爲梗（参觀今日《南京通信》）！

滬杭航權與外商共之，鐵路則純粹華商自辦。而航運免税者，車運獨否。又以滬寧爲喻，試問滬寧受厘捐之害，年年虧本，何莫非國家受損乎（参觀今日《杭州通信》）？甚矣！眼光太淺者之不足與言政也。

粤人之備戰宜也

新紀元十二月一日《民立報》

粤人備戰，在吾人視之，不過國民稍伸義憤之一端。而路透電言之，若不勝其詫者，抑何少見多怪歟！外交爲着手，軍事爲後援，此吾全國民之同意。北京議約，而粤省備戰，理之當然，有何可异？且袁大總統亦何嘗一日忘戰？觀其對各省代表之宣言而可知也。

天下惟武裝和平爲和平中之最可恃者。粤人備戰，正粤人之愛和平也，又何嘗與中央政策相背馳？而吾民之奮發而起者，又豈祇一粤省爲然耶？

自治

新紀元十二月二日《民立報》

庫倫逆佛，方震懼於我之新政，而有獨立附俄之舉。不謂今日言論家，亦有震懼於自治之説，而以與庫倫之要求相比例者。

立憲之國無不言自治，謂言自治者則等於庫逆，則今日立憲國民殆無不等於庫逆者。即以主張民選省長言，今世立憲先進國，其省長之由民選者多矣，然則其國民之自治，亦如庫逆之所謂自治乎？

省長民選問題，就吾國特殊之形勢而討論其利害可也，猶謂庫逆之要求不設華官，則其駭妄將與逆佛等。吾意論者似猶不至此，然則黨見之害人深歟！

破壞大借款者（一）

新紀元十二月三日《民立報》

大借款問題，與俄庫事件關係最切。使大借款早成，俄人怵於經濟之均勢，或稍戢其政治之野心。今雖已亡羊，而補牢未晚。故吾人今日一方面力争庫約無效，一方面即力冀借款速成。苟有血氣，更孰敢挾私破壞之者。

挾私以破壞借款，吾意惟俄庫爲然。前此監督條件之坚持，實一二野心之國，如俄人者，暗爲挑撥以阻其成。自法使轉圜，监督條件取消。吾人正喜借款之别無阻力，而不謂京電传來，挾私以破壞之者竟非俄人，而吾國之人也。哀哉！吾深冀此耗之不確，否則挾私破壞之人正可以俄人視之、庫人視之也，國民其注意哉！

破壞大借款者（其二）

十二月五日《民立報》

吾人今日力冀借款速成，正以法使轉圜、監督條件已允取消之故，并非不問條件之何若而漫然有所希冀也。吾人今日又力詆挾私破壞借款者，正以挾私破壞與持理反對不同，前此有監督條件而反對者又出以光明之態度，故合於理；今此監督條件已讓步而破壞者又出以鬼祟之行爲，故涉於私。私也者，國民之公敵也。

抑記者初意，以爲熊氏猶有人心，當不至此。故曰：『吾深冀此事之不確。』而無如《京報》言之鑿鑿，自民主黨機關紙《中國公報》揭載其事真相，而《民立報》尤大聲致討也。谷團第十四條已取消，忽翻悔此，即財政總長雖有全權而談判阻力未能消除之關鍵，斐青君所引正足證挾私破壞者太有人耳。總之，今昔情形大异，大借款已讓步，不當反對。即欲反對，亦當俟條件開出，觀其有損主權與否。周總長有全權，他人無可覬覦。苟欲覬覦，無論財政前途如何，抑置政府信用於何地？而熊希齡乃嫉功破壞，嗚呼！熊其甘爲國民公敵歟？

黔禍

新紀元十二月四日《民立報》

國民黨本部特派員于君德坤，甫回黔籍即遭暗殺，此近事之至可駭异者也。于君盡力革命甚久，同盟會初在東創設時，黔會員衹二人，一平君剛，一即于君也。于君奔走國事，在外十餘年，於本省權利絲毫無所争競，故黔中黨争劇烈而于君實無取怨於人之道。此次回黔奉命組織支部，雖有政治活動之性質，忌者亦何至遽置之死，而不謂竟以暗殺聞？然則非仇于君，仇國民黨耳？非仇國民黨，仇异黨成立而舉發其政治上種種惡罪耳？唐督電京謂追緝無迹，此何語耶？共和國之殺人犯可以追緝無迹了之，人命殆不若鷄豕矣。黔中黨禍之烈，吾初猶疑之，觀此事乃信。哀我國民，何以拯之！

陳昭常

新紀元十二月六日《民立報》

陳昭常以吉林都督之資格，而對於高等檢察官可以札司撤差、可以勒令出境、并可以不憑人證而悍然言之曰『訪聞』，又可以不述理由而渾含言之曰『遇事生風，不知檢束』。嗚呼！諸克聰一人不足惜，如司法獨立何？如《中華民國約法》何？

如時下刻薄鬼之言論，則吾可以『吉林王』目陳昭常，而吾文亦得一絶好之口吻曰『吉林王』也。然吾不願爲此以重辱我民國國民，吾惟問我國民果知立憲制度之精神全在司法獨立，又知中華革命之所得僅此一部《約法》，則當何道懲戒吉林都督陳昭常而已？

咄咄日本之武人内閣

新紀元十二月七日《民立報》

咄咄日本之武人内閣！又出現咄咄日本之武人内閣！且不爲桂太郎，而爲寺内正毅。寺内爲首相，桂公爲侍從，宫中府中相爲一體，侵略主義誰復能禦之者？今而後，日陸軍黨之喜可知也。反對增兵朝鮮計畫，西園寺之意亦日本各實業家及政治家之意也。日本各報尤痛詆陸軍大臣及山縣公爵，而陸軍黨竟能悍然组織武人内閣。嗚呼，日本之民權！

亡韓者，寺内也。然寺内之意豈僅亡韓？南滿、内蒙之風雲，行豈翻然起矣。哀我國民，方自痛之不暇，又奚爲日本民權痛哉！

告爲熊希齡辯護者

新紀元十二月八日《民立報》

熊希齡破壞大借款，经本報揭載以後，滬上言論頗有隱爲之辨者：一則默認熊希齡之破壞大借款，而第以大借款爲未讓步，故破壞者未可輕詆也；一則直指爲無稽之言，而論鋒所指殆如無的之矢也。則一説記者歷辨之，以大借款已讓步，非如前此之有監督條件，故前之反對爲公，而今之破壞爲私。明乎公私之别，則前此詆斥主持借款者爲誤國，與今之詆斥不助借款爲誤國，其義一也。惟論者謂大借款條件未開出，何讓步之有，此語頗足惑人，不知大借款讓步乃指『監督財政』之取消，趙總理對救蒙會代表早詳言之矣。該報即無此專電，豈并不閲他報乎？後一説則殊無足辨，本報專電或據《京報》，或據政界談話，皆非杜撰。且《京報》之首揭者爲民主派之《中國公報》，如必欲指爲無稽之言，則論者先詰其同派之報紙可也。

决心

新紀元十二月九日《民立報》

朔風凛冽，戴『露西亞帽』者頗多。諸君其有誓死之决心，樂相見於西伯利亞原野乎？然我願諸君得『露西亞帽』於敵兵之頭上，不願諸君得『露西亞帽』於上海之商場。

營業，我之自由。國民不欲與人交易，既未待他力之鼓煽，亦寧有他力可以取銷之？况吾民實愛和平，本不甘爲已甚，非實逼處此，亦何至輕動義憤？而無如我願調停，彼愈狡展。今日消息日惡，决裂且在旦夕，擾亂和平之罪既在彼不在我。則雖政府猶顧念邦交，設法勸慰，而吾民之决心固早有以自處矣。

嗚呼，參議員與新聞記者！

新紀元十二月十日《民立報》

北京之參議員，我所欲也；上海之報館主筆，亦我所欲也。二者可得兼乎？曰：『可。』參議員有分身術乎？

非也。参議員有缺席之自由，則無妨久留滬浜，則無妨且操筆政。缺席自由，無論江蘇省犧牲一代議權，我所不顧。即令人人效我，而参議院至於不能開會，亦非我所計也。我欲挂参議員之頭銜，而討新聞記者之生活，我即犯政治之罪惡而偏稱擔任社會之事業人，其奈我何？

嗚呼！有此参議員與新聞記者，吾真欲爲政治社會哭矣！

禁烟之警鐸

新紀元十二月十一日《民立報》

各省厲行禁烟，頗有禁止印藥運入者。此本吾國禁烟應有之權利，蓋根據前清宣統三年續訂禁烟條件，中國本可提前禁絶也。該條件第三條：『無論何省土藥已經絶種，他省土藥亦禁運入。顯有確據，則印藥即亦不准進入該省。』

路透九日倫敦電，印度商人向英京激烈申訴。吾意英政府夙稱文明，必不違約干涉，即英人果爲印商所慁，吾亦有約文爲保障，毋容自餒也。惟土藥之禁種、禁運能否示人以顯確之證據，則印商之要求頗足爲各省主持禁烟者之警鐸矣。

蘇人之羞

新紀元十二月十二日《民立報》

江浙毗鄰，而禁烟成績迥异。浙議會方議決加重禁烟刑律，而蘇都督偏電令展緩禁烟期限（見今日本報《蘇州通信》）。兩兩相較，吾殊爲蘇州人羞。

曷羞乎？爾程督有此電令，程督之溺職實江蘇人有以使之然也。吾聞浙省禁烟之嚴，發起於前民政司褚慧僧君，而決議於此次之臨時省議會。然江蘇人亦有民政司，何以於本省禁烟事獨漠不注意？江蘇人亦可有省議會，何以甘任行政官之籠絡延誤，而不要求召集？然則禁烟之廢弛，非程督誤江蘇，乃江蘇之自誤耳。

或曰：『是進步派與保守派之异也。』果爾，則吾欲問江蘇人，奈何令此少数保守派重貽全省人士之羞？

可以鑒矣

新紀元十二月十三日《民立報》

政局之奇詭，至今日日本而極。西園寺辭職後既简任寺內，寺內亦既有自韓首途之耗，而其後忽不至。於是，若松方、若平田、若山本，或以病辭，或以去辭。夫日本政界本無事，徒以陸軍黨固執己見反對民意之故，遂致紛紜不定，人人視爲畏途。世之口共和而行專制者，可以鑒矣。

日本自號『東亞立憲先進國』，而國内無一强固之政黨，故此次内閣難産，政黨徒袖手旁觀，一任桂太郎與山縣有朋之隱相角逐而不能過問。夫日本政黨固幼稚，然亦其國人平日不扶植政黨之故，非僅政黨自身之罪也。世之非難政黨與反對政黨内閣者，又可以鑒矣。

畏不敢言

新紀元十二月十四日《民立報》

于君德坤入黔遇害，黔督唐继堯諉稱湘境，刻經湘督查復（見昨報新聞一欄），則被害處實係黔思州屬之潘家灣也。夫明明黔境而必以湘境諉飾，其爲情虚畏罪可知。

矧湘督電必又稱該處四面均有居民，爲何被戕情形均畏不敢言云云。嗟乎黔人，爾畏唐继堯耶！畏刘顯世耶！嗟乎唐、刘，爾殺人之權威乃駕周厲、秦政而上之耶！

此『畏不敢言』四字，已足断定于君之冤獄而有餘。于君已矣，吾第問吾國民是否能坐視同胞之被殺，而相率甘於『畏不敢言』之地位？果吾國民甘之，則民國可推翻，《約法》可取消，而使唐、刘爲周厲、秦政可耳！記者又何忍嘵嘵之也！

頑固之國史館館長

新紀元十二月十五日《民立報》

北京《中國學報》新出版，有王闓運序文，余未之見也。昨閱某浙報社論徵引其辭有云：『自海禁開，始有西学聞於國中，曾滌生創其説，李少荃、張孝達又從而鼓吹之，上下承聲，靡然順風，凡不可爲之事，舉犯清議而爲之。』又云：『西本無學，相高以利工商之爲耳。』某報引此，斥爲頑固達於極點。嗟乎！王闓運頑固不足責，奈國史館館長何？

前見有吴楚軍民刊布廟運罪狀，所述多隐事，且署名爲『吴楚軍民無能負文責』者，故不録。今《中國學報》序文，則闓運自述其頑固之供狀也。作史須才、學、識三長，况今日修史尤以識爲最要，破五千年之專制以與世界文明相見，而以不知世界爲何物之闓運修此開國之國史，不亦羞天下之士而重貽民國以污點耶？

窖金

新紀元十二月十六日《民立報》

金陵爲洪王首都，受圍最久，粮盡餉絶，因以不支。然城中多死義之士，自被圍至城破，無叛卒、無降王，歷代亡國史無此壯烈也。揆之事理，似無窖金如今日寧人之所传者（参觀新聞一欄）。使其有之，則太平天下之亡乃真被此輩貪支断送爾。

吾國之窮非真無金銀也，置金銀於死地耳。窖藏中之金皆死金也，豈必太平天國之遺物？今日内地守財虜，猶有乎藏窖金者矣。豈必窖金亡？清官僚、租界寓公篋底之金葉，外國銀行之存款，皆置金錢於死地者矣。

嗟乎！太平天國亡，其窖金猶或爲中華民國之用。設一旦中華民國不幸，豈特窖金同归烏有，即生命財産亦且盡矣！嗟我富人，奈何握死金以自斃哉？

勿再選此種議員

新紀元十二月十七日《民立報》

參議院議員，國民所選舉，非陳昭常所派遣也。今共和黨議員，以欲袒護陳昭常故，竟相率缺席，置重要議案於不問，遂致關係戰費之六厘公債條例亦未能開議。嗟乎！俄庫風雲日亟，而共和黨獨以黨見廢國事至此，是真全無心肝者矣。

嗟乎國民！共和黨議員負爾至此，爾以何道對付之耶？記者則以《大共和報》之言進，『願吾國民勿再選此種議員』而已！

改造兵工局

新紀元十二月十八日《民立報》

吾國現有之兵工局，惟漢陽、德州、上海、廣州四處，稍有可觀。而所出軍械，不足供全國什一之用。俄庫事起，各局有聯合趕造之議。然心雖有餘，力苦不足，非亟亟改造兵工局，則械器終無足用之一日。

改造之法宜双管齊下，一就原有之基礎而擴充之，一舉從前之積弊而革除之也。擴充固萬不可緩，而除弊尤爲先務。承滿清積弊之後，官僚餘毒根深蒂固，人多廢人，機多廢機。廢機宜更易，廢人尤宜淘汰也。

今惟上海程督理有裁汰十三處冗員之舉，各局果能聯合進行，先除弊而後擴充，則工兵前途庶有豸乎？

有秩序之運動

新紀元十二月十九日《民立報》

今日之選舉現象揭於報紙者，誠足使人悼心痛首，凛然於正式國會之前途。而欲救其弊，一方面宜遏止無意識之競爭，一方面宜提倡有秩序之運動。

今世公權發達之國，其國民無不運動選舉者。惟其運動之道，以公開而不以密秘，以政見而不以賄賂。故競争愈甚，政治思想愈演進。此『有秩序之運動』之所爲，可貴也。

今於選舉種種怪現狀中，而廣州一方面獨以有秩序之運動聞（路透十七日廣州電），此誠國民之光，而出於外人旁觀之評語。彼造謡誣陷之反對黨（如謂以兵力把持選舉及同盟會失敗等），其亦可以知返矣。

意外

新紀元十二月二十日《民立報》

陸總長責俄使之延宕，謂『實出意外』。自國民觀之，則以俄人之狡，其延宕本非意外。獨我之政府任其延宕，而終不敢爲强硬之主張，則真出人意外耳。

俄使答復之無理，誠爲意外之事。吾民方力保世界之和平，而俄人必迫我以忍無可忍，此非吾民所豫期者也。然吾民國早知暴俄之非可理喻，而人人有决死沙場之志，則俄使欲以意外之事相嚇，亦烏能嚇我者！

陸總長以一笑置之，吾則欲哭而無淚。吾不以俄人之延宕爲意外，吾亦不以俄使所謂『意外之事』爲可懼，而獨見夫政府外交之懦弱爲真出於國民之意外，而懼以亡蒙者亡吾國也。

政府曷一西顧

新紀元十二月廿一日《民立報》

西藏、北蒙，同多憂患。自庫約耗传，國民弩張劍拔，全神注蒙，迢□西陲遂稍稍隔吾視聽矣。規諸履霜堅冰之戒，誠有未然，然亦足徵熱愛蒙古之誠，未可厚非者。

雖然，政府則不應作如是觀。滇蜀之師雄視境上，誠可威懾藏民，而强鄰之潛力進行未已，全弭藏患之願雖未能即酬，而防止禍患，勿令如蒙之於俄，俾我於蒙事解决以後，從容治之，乃政府之責也。

民國之極大污點

新紀元十二月廿三日《民立報》

民國民立已一年，而社會上尚留一極大污點，與自由、平等、博愛之精義最柄鑿不相入者，即婦孺之賣買是也。

婦孺之買賣在前清時已嚴令禁止，而實際上無絲毫之效力。法紀虚懸，人道滅絶，此清室之所以亡也。民國締造，求爲平等之法治國，宜於此首注之意。而社會上婦孺之地位如故，以致拐賣之案時有所聞，執政者亦未嘗按律嚴治，然則何以异於前清耶？

或謂社會形勢積重難返。然苟以禁烟之精神禁賣婦孺，嚴行調查，有拐賣者槍斃之，被賣之婦孺隨時可復其自由，不追身價。行之数月，其成绩當在禁烟之上。願注意人道主義及民國根本者速圖之。

内債之信用

新紀元十二月廿四日《民立報》

吾國國債總額按照人口比例與他國相較，其負擔蓋猶甚輕，而獨有至可羞愧之事，則全債額中幾盡爲外債所占，而内債乃絶無可言也。

吾思及此，吾益致恨於前清之官僚，使非昭信票之騙史印入人心，内債何至失敗若此？今欲回復内債信用，首在舉内債之有利無害，日進國人而詳告之，而於發行之手續、地點、價額尤須遍登全國報紙，其承辦之銀行則當屏除官氣，不至使有志購買者茫然無所問津。今六厘公債條例已由議院決議，故以是進於國民。

毋飲鴆止渴

新紀元十二月廿五日《民立報》

政府籌款維艱，而於西人『國家彩票』之蠱惑獨能毅然拒絶（見今日路透北京電），此誠大异於前清官僚之飲鴆止渴，而深爲今日可喜之事矣。

進德會會約爲『不賭博、不狎邪、不娶妾』三項，娶妾本吾國特別之習慣，今姑勿論。若賭博、狎邪二事，則社會上以道德約束者，政治上亦當以法令範圍之。吾意近於賭博性質如『國家彩票』等，此後當絶迹於民國。

而今日所行之妓捐，亦當早日廢之也。

日人僞造粤省紙幣案

新紀元十二月廿六日《民立報》

前有友人告余，不肖日人專以僞造我國紙幣爲利，余未敢盡信也。今觀香港破獲僞幣案，則日人之不顧法律、不惜名譽，悍然破壞我國幣制，竟有若斯其甚者！使非盡法以懲其後，而各省更時時嚴緝，則我國紙幣前途不堪問矣。

日人自稱有人以粤政府名義向之訂購，此狡展之説不足辨也。蓋既有人向之訂購，即當直接交與訂購之人，決無中途另與他人議價交易之理。今明明由日人製成以後，待價而沽（參觀二十五日本報香港专電）！而昨日《時報》专電獨據其飾辭爲事實，且謂將來無罪亦未可定。嗟乎！是何言歟？

今日人已有自行認罪者，復訊以後如何判決，關係我幣政甚大，國民幸勿忽視之也。

亡國之心理

新紀元十二月廿八日《民立報》

中國人之心理，苟有利可圖，則祇知有己不知有人；及有責當盡，則又祇知有人不知有己。二者皆以亡國，而後説爲甚。

人人曰『我一人救國，無濟於事』，又人人曰『我一人不救國，無害於事』，而國真不可救矣。四萬萬人雖多，若人人皆除去一我，則雖謂無一人可也。無人之國，則人人皆入此室處矣。

今参議院之不能開會亦此心理，害之人人以爲『我一人不到院，於院事無傷；我一人即到院，於院事亦無益』，則出京者出京，遲到者遲到。嗚呼！此心理不改，中華民國不足亡也，庸詎止参議院不能開會而已乎？若夫一方爲参議員，一方爲新聞記者，雖經同業之勸告而置若罔聞，則其人實兼有兩種亡國之心理，更無可以與言之希望矣。

禁烟中之中央權力

新紀元十二月廿九日《民立報》

禁烟嚴厲政策，實吾人今日一致之主張。特各省情勢小有不同，故限期禁絶不無遲速之异。然此實與中央統一權力無絲毫之損礙，蓋根據前清禁烟條約，何省禁種、禁運，顯有確據，即印藥先不准進入何省也。

吾人禁烟，事事根據《中英條約》辦理。故各省有先期嚴禁者，不得謂之執拗；中央聽各省之嚴禁，亦不得謂之不能施行全權。事理甚明，無俟喋喋。

《泰晤士報》之批評，謂：『就道德言之，印度政府不當再運鴉片來華。』吾於此語敢代全國人民表其感意，惟於『中國中央政府不能施行全權於各省』云云，則誤會甚大，不得不辨明於此，尚堅持公理之英人加之意也。

買收政治

新紀元十二月卅日《民立報》

買收政治者，言行代議政體之國，而行政部得以金錢爲利禄買收議員，使之甘爲己用，而不敢復有所可否之謂也。

買收政治行，則代議政體盡失其價值，而行政部之專横足以爲斯民之害者，將視專制之國爲尤甚。民國初造，國本未固，國民於此其亟亟慎防之哉。

欲杜買收政治之漸，則國民不可不選出强毅不屈之議員。然觀今日初選現象，其以金錢運動者頗多。萬一覆選時復蹈此轍，則今日以金錢買議員者，他日必以其議員易金錢，而國民不可問矣。此記者之所深懼，而亟願爲我國民警告者也。

除舊布新之決心

新紀元十二月卅一日《民立報》

去年今日，南北未統一，各地秩序多因革命破壞，而人人多存一樂觀之思想，以爲除舊布新，吾理想之新中華民國必自茲實現。果也，南京政府成立不四旬，而五族共和之大業以成。今荏苒一年，立法、行政號稱一統，酬庸賞勛，幾若粉飾太平盛業，而人人忽存一悲觀之思想，以爲吾中華民國新者其名而舊者其實，將終不免於淪亡。若是者，其結果如何，吾不忍言。今請以最簡要之一言進，則國民果有除舊布新之決心，勿復逞意見、圖私利，民國必不亡也。去歲，南北統一之速道即以此，當此新曆歲除之際，其更壹乃心志哉！

新發財語

民二年一月三日《民立報》

新年慶賀語，開口輒言發財，然言發財而財卒不可發。每閲一年，金融恐慌、生計艱難之狀輒增進一倍，至於今，幾非外資無以自活。嗚呼！發財之聲愈高，患貧之害愈亟！

人孰不思發財，然有希冀之倖心而無經營之實力，此中國之所以日貧也。吾國自有發財妙法，惜公等不悟耳！《大學》曰：『有德此有人，有人此有土，有土此有財。』德也者，財之本也。顧古之時，責在君主一身；今之時，責在國民全體。國民之德無他，即國民生利之實力而已。夫使人人有發展經濟之能力，能利用外資以浚發財源，使人無廢材、土無遺利，則民富而國亦隨之。新民國之新國民能努力發展其經濟能力，其庶有真正發財之希望乎？

不可思議之賞勛

民二年一月四日《民立報》

於純粹平民基礎之上而妄製特別之階級，此已爲吾人所極端反對，而奈何於賞勛之中復有不可思議之事。與汪精衛并得勛二位而且哀然居其上者，則張謇是也。張不必運動勛位，而勛位遽加諸其身。非分之寵，不知張以爲榮歟？抑以爲辱歟？

記者尋繹其賞勛之理由而杳不可得，無理由則勛位不足以榮張，而適足以辱張矣。或曰：『是或張勳之誤也。』嗚呼！噫嘻！復何言哉？

海關税增加之觀察

《民立報》民國二年一月五日

民國初建，而元年度之海關税入，匪惟無減，抑且大增。今雖未見税司之詳細報告，而推測其原因，則有可論者如左：

（一）革命之際，各地秩序本未全行破壞。一年以來，努力建設，工商多已復業，故貿易界有此佳象。此可見民國基礎大定，而各國正式承認之舉更無延緩之理由。

（一）吾國國際貿易進步之遲緩，皆清室失政爲之。對外則輕弃國權，誘起國人排外之心理；對内則重徵厘税，阻閼國人經營之能力。今清室已亡，秕制漸革，觀念亦變。自是以後，吾國民真樂與外人輯睦，而世界交易之大市場必首推吾國。蓋天産物之富與夫購買力之强，世皆無我匹也，然則去歲之增加猶其嚆矢而已。

若夫交通機關之漸備，於關税增加蓋亦有重大之影響者，吾是以祝中山鐵路計劃之速成也。

憲法起草權

民國二年一月六日《民立報》

《國會組織法》第十二條，明定憲法起草由兩院各舉同數之議員行之，是民國憲法匪特議决之權當然屬於國會，即起草之權亦豈有他機關可以越俎者？

自江蘇程督發起憲法起草委員會議後，此事乃成一紛糾之問題。實則爲程督草此電者未讀《國會組織法》，而貿然冀此議之成，或且膺程督之特薦以博得委員一席耳。否則，北京已有憲法研究會，有志者儘可加入討論，焉庸此紛擾天下耳目者。

若夫馮國璋、張鎮芳之密電，謂議員來自田間云云，則自根本上否認代議政體之存在。可想見，其幕府人才盡是亡清怪物耳，又何責哉？

流氓

民國二年一月七日《民立報》

《時事新報》北京專電述中美國民同盟會事，綴以斷語，曰：『會員品類複雜，或評爲流氓同盟會。』嗟乎！《時事新報》記者何憾於中美國民之親交，而猥以流氓一筆抹殺哉！

試證明路透電，可知該報所謂『品類複雜者』全屬誣詞。路透電謂『在會之人，皆屬鼎鼎有名之士』，且更實指其分子，謂中有參議員及美國教士多文夫。此而可以流氓相誣，則天下之政治家、宗教家何一不在流氓之列乎？

《時事新報》破壞中美國民親交之心理，今姑勿問。但即『流氓』二字推之，實令人費解。或曰：『仁者見仁，智者見智。』中美國民同盟會自流氓見之，則謂之流耳。嗚呼！豈其然歟？

選舉流弊（一）

民國二年一月八日《民立報》

所貴乎痛陳時弊者，必能指摘其受病之源，又詳籌其挽救之策，而後始不爲無責任之笑罵派也。今之言選舉，流弊者多矣，顧知其弊，而思所以補救之者，誰耶？

代議政體既萬無取銷之理，則侈言選舉流弊而嬉笑怒駡，以出之於事實固無裨，且尤長人民懷疑民國之心，非言論家所欲出也。笑駡由他笑駡，好官我自爲之，衣鉢相承，匪今伊始，彼非法運動者，亦正不懼我輩之指摘耳。

記者爲此言，匪徒事粉飾而爲選舉舞弊人開脱也，以爲實指其弊則當分別其人、其事、其地言之，而尤要者則在共籌救之法。記者不敏，或亦竭其愚以與國人相討論也。

選舉流弊（二）

民國二年一月九日《民立報》

選舉流弊之最甚者，莫如金錢運動。固非法律所許，以非法律所許之事而竟敢公行無忌，則與其謂爲選舉之流弊，毋寧謂爲法律之無力也。

各屬檢察廳多已成立，所謂檢察官者所司何事？而於選舉中之金錢運動確已成爲刑事犯者，迄未聞其搜索證據、提起公訴，雖人言籍籍，猶復置若罔聞，則其負國不太甚乎！東西各國選舉人其程度亦未必齊一，然而金錢運動之事不數數見者，其司法機關完備，法律之强制力甚嚴，有以使之不敢逞也。

然則欲防止選舉流弊，其第一入手法在鞭促司法官之盡職。否則匪特選舉腐敗，即百政亦將不舉，民國前途寧有幸歟？

選舉流弊（三）

民國二年一月十一日《民立報》

平日以黨見爲詬病者，至選舉時則黨見又退處於無靈，而惟金錢之力爲足以轉移人意。此何也？天下有忠於黨綱不爲外物所誘者矣，未有以黨見相結合而能見利不渝者也。

然則欲救選舉，必謀政黨之改良。第一，當以鮮明之黨綱向選舉人演説；第二，當求本黨中之忠於黨綱，能瞭解尤能實行者推出爲當選候補人；第三，招待初選當選人設政務研究會，定期聚集，時爲政治法制之討論，而勿以飲食酒肉相徵逐。

地方行政中之道制

民國二年一月十日《民立報》

至今日而始議整齊官制，國民已甚嫌其晚。若於整齊之際，仍含有紛擾之機，則國民之失望爲更甚矣。現行各項官廳組織令未睹其詳，然外省官制實采省、道、縣三級。夫虚三級省制雖經法制局最後之采用，然是否爲最善之制今尚屬疑問。即如江浙諸省廢道已久，於政務上殊未覺其不便，若必重爲設置，其結果徒增一重紛擾。爲政府安插私人計則得，若欲爲國民稍輕一重擔負，猶南轅而北轍也。聞政府原訂辦法，於已廢道制之各省應否復設，由省行政長官酌定。記者則敢簡絶言之，謂斷斷不應復設也。

自作孽

民國二年一月十二日《民立報》

據海關報告，去年鴉片輸入大增，即關税收入增加額已達八十萬兩云云。此可見我國内地禁種實已卓著成效，故雖吸烟者多已戒絶，而鴉片輸入反有增而無減也。

抑當我國禁烟之際，而土商不知減運，反乘我之禁種競相販賣，其見利忘義已達極點。且衹顧目前之利，毫不審察我國禁烟前途，以致去年競運，今日滯銷，因果相承，土商即有損失亦彼自作孽耳，於他人何尤？而猶欲爲無理之交涉，嗚呼！傎矣！

路透電志疑

民國二年一月十三日《民立報》

日前，《民國西報》馬素君質問路透電社於英人反對鴉片之公論何以獨付闕如，而記者讀昨日路透電亦有致疑者，二事願以所見商榷之。

（一）共和國之總統選舉當然屬於國會，亦當然惟屬於國會，事理甚明，無稍疑慮。今謂總統選舉之究因專屬國會與否，政界似茫無依據，此不解者一也。吾人日望正式政府之成立，故正式國會召集以後，對於正式總統之選舉實萬不容稍緩。即欲稍緩，亦當出於彼時正式國會之意思，豈今日政界所能預料其延期者？今謂或須延至秋間舉行，此不解者又一也。

（二）吉、黑兩省今殊未有匪亂之報告，連蒙邊諸境人民所受損失皆逆庫黨羽縱兵爲寇所致。自我軍陸續開往内蒙，蒙匪亦已斂迹，今反謂吉、黑多匪，延及蒙境，俄國因此要求自由剿匪，庫倫亦添招兵隊以資防禦，是非顛倒，莫此爲甚。夫以暴俄之狡詐，任意藉口，亦固其所，獨怪路透訪事竟亦爲所愚，是可异也。

嗚呼，實業界之信用

民國二年一月十四日《民立報》

支寶公司失礦事小，民國礦照失信事大。今以亡清探礦期滿之廢照而使有國正式執照之公司歸於無效，誠非盛宣懷之魔力不至此矣。

然盛宣懷之魔力不能直接及於支寶公司，使蘇都督稍用其耳目之，明知夫提倡實業以信用爲第一要義，當亦洞然於民國礦照之效力，而盛氏私人之技又何所施？今程督寄耳目於左右之人，使盛宣懷之魔力乘間而入，而民國實業界之信用受一大頓挫，是誠可爲嘆息者矣！

政府違法與議員溺職

民國二年一月十六日《民立報》

現行地方官廳組織令避去官制字樣，以總統命令發布之，一時論者蜂起，反對者謂違背《臨時約法》第三十三條，贊同者則歸過於參議院之延擱要案、自弃權利。自記者論之，則以前説爲是，而參議院之負國，吾人當別施其論鋒。若此事，則殊無政府分謗之餘地也。

蓋地方官制之所以迄今未議決者，實由政府兩次撤回而又遲遲不再提出之故。政府既未提出，不能責參議院之延擱也，即此次組織令之公布，雖在參議院因人數太少不能開會之時，然政府亦未嘗先時提出於議院，謂地方官制重要請以若干日議決，否則政府將以命令代之也，故參議院雖未開會，政府不能以是藉口。總之，政府違法是一事，萬無并爲一談之理也。

嗚呼，參議員！嗚呼，國民！

民國二年一月十七日《民立報》

嗚呼，參議院竟愈趨愈下矣。昨日京電，開會到者僅十餘人。此何種現象而見於我方興之民國耶？今日參議員其視議會日程殆如周諸侯之視驪山烽火，逆料其無效而相率不復至。嗚呼！循是心理，中華民國不足亡寧止參議院不復再能開會而已耶？

嗚呼，參議員負國民甚矣！抑國民實有以縱之，彼弃職出京公然爲報館主筆，公然運動選舉，而國民尚公然選之爲衆議員，則彼紛紛出京者又何所畏耶？嗚呼，參議員！嗚呼，國民！

民國之障害

民國二年一月十八日《民立報》

河東獨立論者多痛責張士秀，吾則以爲張固有罪，而政府及言論家亦不能無過焉。黎宗嶽之於大通，亦欲擁兵自固者。王和順雖無憑藉之地，而其有野心於廣州，或且視張士秀過之。然言論家之於黎、王頗有爲之道地者，即大總統亦且禮遇有加，延爲顧問。夫是非既無定論，刑賞又不得其公，則張士秀輩又何畏邪？

且即河東之事，論者猶不一其詞，蓋地方主義之害人深矣。吾謂如張士秀者，不度力、不量德，曾無足慮，惟此是非、刑賞之未洽，及地方主義之不化，則真爲中華民國前途之障害耳。

維持立法機關

民國二年一月十九日《民立報》

參議院不能開會，其咎在出京運動選舉者，與留京諸議員無涉也。留京議員有維持大局之心，不忍坐視立法機關之消滅，倡議改定法定人數，此吾人鑒於時勢之不得已，當深表其贊成者也。

反對此説者，若忍視參議員之終不開會則已，否則，不必以少數專制爲慮。何也？此紛紛出京之議員，其放弃天職，早爲國人共弃，若謂立法家有野心，則此輩實尸之，觀其運動選舉而可知也。若夫留京諸議員既維持大局於先，豈其忽有野心於後？况三分之一之法定人數，他國非無行之者耶。

侈談法理，不顧事實，本爲言論家之大忌。或謂彼實以一黨專制爲慮，然則此紛紛出京運動選舉者，乃皆其同黨耶？果爾，則吾復何言？

斥胡景伊之荒謬

民國二年一月二十日《民立報》

近日以來，時聞各都督荒謬之論，然未有如胡景伊元電之甚者也。胡電爲贊成孫君毓筠而發。夫孫君之議，吾人固深表同情，而胡以莠言羼雜其間，則生心害政，所關至巨，不可以不辨也。

胡電荒謬之點在論良憲法、良總統一段，如謂『國會即得完全自由，使不能定良憲法、選良總統以饜民望，則國民將共弃之，其所定所舉者行歸無效』云云。此等口吻，其惑世誣民、摇動大局，實視倡言『二次革命』者爲尤甚。

夫吾人孰不欲得良總統、良憲法者？然良之標準於何求之？求之於國民之公意耳。而代表國民之公意厥惟國會，今於國會之外别言其所謂良不良者，則其標準至無定矣。將定之於胡景伊乎？抑定之於胡景伊所隸籍之一黨與所媚兹之一人乎？此論既倡，异日必有藉爲口實者。國會所定所舉可使無效，而亂機自此起矣，險譎之言或方爲響應者所激賞。吾是以大聲疾呼以斥胡景伊之荒謬。

治絲益棼之分治問題

民國二年一月廿一日《民立報》

謂軍民分治，果今日必不可緩之舉耶？何以自鄂、閩、晋、蜀、蘇、贛而外皆可以都督兼民政長，而鄂、閩、晋、蜀、蘇、贛之所以特异於他省者，其理由安在？吾甚願聞之。

使其果有理由，則軍民分治不可不務舉其實，何以業經分治之江蘇又以縣知事兼領軍法，而蜀省之民政長亦仍以都督兼之？出爾反爾，其用意安在？吾更願聞之。

嗚呼！今之所謂軍民分治者，實治絲益棼之政策也。日日言統一而使全國呈紛歧之現象，日日言威信而使前後有矛盾之行爲。政府欲責人乎？盍亦先自責矣！

漢口鎮守使

民國二年一月廿二日《民立報》

南北統一而後，官制愈棼，官名愈雜，如何謂屯墾使、鎮撫使、宣慰使、護軍使者，蓋已不可勝紀，然尚未有如漢口鎮守使之全無理由者。

漢口非邊境，又無亂事，更非前清駐有兵事大員之地，如江北提督之在清江浦者，與武昌一江之隔，都督與民政長偃處城内，乃已有鞭長莫及之患，而重累吾民膏血以供養此鎮守使，則需此都督與民政長又奚爲耶？且以實行軍民分治之湖北，設此不軍不民之鎮守使。而創其議者，即自命爲分治模範之黎副總統，則尤極政局之奇觀。而中央竟貿然許之，以此而言整齊畫一。其欺吾民甚矣！

江淮間之河東

民國二年一月廿三日《民立報》

江淮之間，有河東焉，把持鹽税，壟斷厘捐。民政長莅任後，彼猶有自行派員徵收之舉。民政長與力争，其勝負猶未定也。又復破壞烟禁，江蘇全省厲行禁烟，而彼獨一榻烟霞，無所避忌，托庇其下者，亦復公然爲違法之營業。嗟呼！此非形同割據破壞統一者乎？而政府不敢問也，而某黨中人且曾奉以『民國第一偉人』之徽號也，而一般無耻者且爲之建立生祠，鑄造銅像，更以其名名某門也，嗚呼！

或曰：『彼猶未敢弄兵潢池，可冀其悔過自新也。』夫此義吾亦知之，故且其隱名，以徐觀其後效。

用人宜慎

民國二年一月廿四日《民立報》

政府用一人，而反對之聲輒起，此無論中央或地方，皆不可爲訓者也。然使政府藉口於人民之不當反對而任意位置其私人，則即舉國慴服，莫敢誰何，亦豈我民國之福耶？

今無事遠徵博引，但剌取蘇省近事論之。南京造幣廠長夏翊宸，受命之始，反對者甚衆，賴政府强制之力得以無事，而今竟何如？造幣廠之名，報紙喧傳，甚且以廠基抵借外債矣。又常人力争民選不獲，而今之縣知事程學懌，其政績又何如？常人同聲嗟嘆，謂爲官腔十足。嗚呼！由今之道，即有以緘反對者之口矣，顧何以服其心乎？

吾謂政府欲自尊其威信，而毋啓人民之反對，則必自慎於用人始。

政府欲自壞其統一乎

民國二年一月廿五日《民立報》

王和順在京所倡説，與河東宣言書，有以异乎？無以异也。豈特無所异，抑王之宣言，視河東猖獗十倍。何也？王和順直言『二次革命』，而河東人僅言取消閻錫山也。

乃於河東則下今致討，於王和順則優禮召見，顛倒矛盾，誠不知政府用意何夫！在使藉口於革命地方之命非革中央之命，而中央可以延攬其人，則中央直不啻與地方挑戰，而自壞其統一之局？嗚呼！粵督非經中央任命者乎？倡言廣東『二次革命』，其獲罪豈僅在廣東？政府不之罪，而又加禮遇焉，自是以後，豈特張士秀、李明鳳呼寃，而各省都督亦尚能一日安其職乎？嗚呼！

出入不敷之預算案

民國二年一月廿六日《民立報》

民國二年預算草案，出入不足至二萬萬元，其中内債外資羅掘已盡。使此案而成鐵案，則吾國財政現狀，真有破産亡國之憂。幸而國人异口同聲，目爲冗濫無紀，誠使痛加裁削，猶有出入相抵之可望也。顧此痛加裁削之責任，當何屬乎？吾以爲必屬之國務院，而後議院再監督其後也。蓋預算之編制實政府政策之表示，政府若提出一出入不敷之預算案，則政府不啻自表白其無政策之可言。東西諸國，皆未有此。有之，惟前清政府之於資政院耳。故政府編制預算，必須權衡輕重，裒益多寡，使出入可以相抵，出入相抵，而後議院得審查政府政策之善否也。

今日以後，無論中央或地方，苟有出入不敷之預算案，則議員惟一律駁回，而强政府之自行辭職耳。

願新聞家稍發良心

民國二年一月廿七日《民立報》

《時事新聞》老圃君，謂中國實業未嘗革命，不過辦一大保案，而因以大總統、國務總理、國務員及都督，爲屬於向之內閣總理、民政部侍郎與最腐敗之官僚，又以都督、上將、中將、少將及各等勛位，爲屬於向之盜賊無賴。嗟乎！如老圃君所言，則吾中華民國尚何國之有！吾意雖不肯承認，民國之外人其侮慢輕蔑我，尚不至若此之甚也。

且老圃君非宗社黨，而何其言之相似也？彼宗社黨心目中，固以袁、趙爲我所豢養之總理侍郎，今奈何代我而柄政？又以革命黨爲我所痛恨之盜賊無賴，今奈何群起而得志？嗟乎！宗社黨所不能言者，而老圃君代言之，誠痛快壯絶矣。顧如我民國國體何？

吾謂快一時之筆，而貽全國之羞者。苟新聞家稍稍捫心，必不出此，老圃君三思之，或不以鄙言爲非也。

擁護《約法》

民國二年一月廿八日《民立報》

汴督張鎮芳，本不知《約法》爲何物，與馮國璋聯名一電，極端反對代議政體，識者已有以窺其微，而今也又有以兵力圍捕報館主筆之事。

言論自由，通信秘密，與夫非法不得逮捕，皆明著於《約法》。《自由報》主筆賈英，詆斥張督，豈爲有罪？日人以娼妓、盜賊比桂太郎，未聞桂之加罪也。即今賈英有罪，亦當在檢廳提起公訴，乃竟深夜發兵圍捕，并侵害該報往來通信之權。嗟乎，張鎮芳一怒，而《約法》蹂躪盡矣！

嗚呼，吾國民！爾毋以此爲賈英一人、自由一報之事也。履霜堅冰，由來者漸。吾國民而猶有擁護《約法》之心者，不可不以嚴重之監督，以觀此案之結束如何矣。

誤會

民國二年一月廿九日《民立報》

外人觀察我國事，每多誤會。如昨報路透北京電，謂『南方各省擬以南京爲國會召集地點』，此大誤也。吾意此説之由來，或由於『歡迎國會團』而起，然『歡迎國會團』爲一部分人所組織，於南方各省何與？今試問南方各省中，果有何省之多數人士，已贊成該團所倡議者否？

路透電又謂『南方各省今當消弭足以引起黨争之問題』，此尤近於無的放矢。蓋南北意見，消融已久，政黨并峙，雖有時或以政見相争，然何嘗有南北之判別？若指『歡迎國會團』而言，則固絲毫與政黨無涉。問之共和黨，共和黨不與聞也；問之國民黨，亦不與聞也。今日即有黨争，然與南北意見究何涉乎？

路透電既多誤會，而因以外人施於我者之種種無理行爲，盡歸其原因於此，此誠不失爲外人之言。吾望吾國人辟而闢之，吾尤望吾國人推誠相見，勿再自疑以動他人之疑也。

扶助中央

民國二年一月三十日《民立報》

今日固無南北之見，即各省對於中央，亦何嘗有未能一致之事。即如贛省運入軍械，嚚者謂李督別有野心。而觀於李之通電，則此項槍彈尚係馬毓寶訂購，且先經中央允許，則李之并無他意可知。特妄人紛紛譏構，以致中央泛而疑阻耳。

舉一反三，知各省不扶助中央一語，亦屬誤會。若謂總統公布暫行省制，反對者頗多，則此爲尊重《約法》起見。《約法》者，吾中華全國國民所共守，必《約法》鞏固，而後中央政府有威信可言。國民不欲陷中央於違反《約法》之罪，而有所糾正，此正所以扶助中央，無所謂『不一致』也。

再論新聞家之良心

民國二年一月卅一日《民立報》

國惡不必諱，亦不當諱。但言論家之於國惡，必實舉其事迹之足以損害我民國者，而施以正當之抨擊，而後無愧於良心。若舉總統、國務員、都督、上將、中將、少將及各種勛位，而盡以前清最腐敗之官僚與盜賊無賴目之，一網打盡，囫圇吞棗，則稍有良心者，決不忍爲此輕薄口吻，以重辱我民國也。

舊人物效忠民國，仍目爲腐敗官僚；新志士崛起田間，又詆爲盜賊無賴。則擔負民國政治之任者，果何屬乎？如論者之意，必屬諸外人而後可。何也？民國人才，無論如何決不出此兩途，而此兩途中無論何人，終得以腐敗官僚、盜賊無賴目之也。嗟乎！此辱没全國人之言，安得自附於不諱國惡之列哉？

快一時之筆，雖於良心有玷，而洗滌尚易；若怙過飾非，則平旦之氣，梏亡盡矣。記者嘗謂律師之口不可移於新聞家之手。律師之口有時爲理曲者辨護，雖變黑爲白，人或諒之。新聞家之手，則公論所自出，無爲理曲者辨護之義務。若亦故施狡獪，冀以熒惑世人聽聞，則其心真不可問矣。《時事新報》記者老圃君，以爲何如？

外交界之感想

民國二年二月一日《民立報》

政體相同莫如法，法使又與趙總理有舊，然而阻礙大借款最後之進行者，法也。俄庫事件，康悌調停其間，其效復杳不可睹，徒虚與委蛇而已。然則俄法聯盟之力，有終勝於華法感情者歟？

商務關係莫如英，英尤以寶愛公理自居，然而今日力庇不人道之鴉片營業者，又英也。《泰晤士報》之言論，荒謬絶倫，即香港電車風潮，不用華幣，咎用自取，然而英人至，創爲特税，以報華商抵制之憾，近且不准華人籌辦愛國捐，此皆非吾人絶好之警誨乎？而西藏片馬之事，更無論已。

嗚呼，人貴自立，國更有然！記者於此蓋有無窮之感想，然而爲國民親交計，終不能不爲英法人痛惜矣。

政府當以誠與國民相見

民國二年二月九日《民立報》

日人極尊敬天皇，而對其所特任之首相桂太郎，不惜極端排斥，甚者目爲盜賊娼妓，未聞桂黨目反對者爲違抗天皇也。彼君主國猶然，而我儼然共和國，乃因贛人反對一汪瑞闓故，即疑贛人爲違抗中央，是亦不可以已乎！總統任免之特權，人民極宜尊重，惟總統亦當自尊重其權，慎選賢能，毋貽口實。贛人之反對汪瑞闓，自明爲反對汪瑞闓個人，於總統任免權何傷？而總統於種種誤解既已消釋之後（如運輸軍械及湖口冬防等事皆已證明無他），猶必强使汪瑞闓入贛。甚矣，浸潤膚受者之不易辨也！

然惟政府多疑而不誠，故奸人得肆其煽惑。觀粤、贛先後請簡鎮撫使，其電皆出於僞造（粤經九善堂七十二行，贛經省會教育總會及各黨先後聲明并無此電），則宵小伎倆，本易窺破，而政府以多疑故，乃爲所動。嗟乎！使政府能以誠與國民相見，而猶有以私意測政府者，則政府真得代國民以聲討之矣。

司法痛言

民國二年二月十日〔一〕《民立報》

縣知事可兼軍銜，司法籌備處處長將實行幫審制。司法獨立之精意，蓋幾破壞盡矣！則肉刑又何不可規復之有？嗚呼！

野火燒不盡，春風吹又生。胡景伊殺朱山，張鎮芳捕賈英，即前清督撫，兼操行政司法之權者，其專制毒焰，亦豈能過之？然省會議院，質問無效，提議查辦又不成，而言論界且有爲之辨護者。嗚呼！我國民豈復知『司法獨立』四字爲作何解説者？皮之不存，毛將焉附。法律無效，而猶侈言人身自由權與夫共和憲政，吾真爲吾國民羞死痛死矣。

吴人其安於懦弱耶

民國二年二月十一日《民立報》

法權不伸，而寓蘇義大利人白某乃公然雇用匪徒，攘鄉人之耕牛，以供其宰殺。然試問偷牛之舉，是否義大利法律所許？胡以我國官吏乃任其偷牛數百頭，而不一饒舌？嗚呼！吾不暇責外國流氓之無良，吾第痛恨我

〔一〕抄本誤作『十一日』。

國食肉者之無用。

偷牛不之禁，乃至殺人；殺人更不之罪，則吾族尚有幸耶？義國不乏尊重法律、主持人道之人。白之偷牛，吾人既已放縱，義人或未知之，若其殺人，則罪狀已鑿鑿矣。天下之惡一也，義人豈必始終庇護，特未知吾交涉司之能力又如何耳。

肉食者之無用，仍吾國民之無用也。吴人夙以懦弱稱，對於此案，其嚴重監督爾之公僕，以一雪此耻矣。

汪瑞闓與盛宣懷

民國二年二月十二日《民立報》

以桂太郎之英桀，躬受大正天皇之命，擔任内閣總理，而一經市民劇烈之反對，在他人方疑其將解散國會者，在桂獨毅然出於辭職。嗚呼！豈不以輿情不可强拂，拂之則孤注一身者害猶減，摇動全國者害實大哉。我國古訓亦有之矣，『衆怒難犯，專欲難成』。以一人之身，受千夫之指，其得免者僅矣。而獨有人悍然不顧，無論人民之抨擊如何，而辭職二字，决不出於我之口者。翳何人？翳何人！在前清之末，則爲盛宣懷；在民國之初，則爲汪瑞闓。

笑駡由他笑駡，好官我自爲之，此未足盡盛、汪之長也，必主持『格殺勿論』或『派兵鎮撫』，而後可以一身撼起政界之血潮。嗚呼，盛宣懷幸有傳人矣！然忍令民國蹈滿清覆轍乎哉？

國民甘爲特别奴隸乎

民國二年二月十三日《民立報》

上海領事團議於會審公廨采用肉刑，其違背人道，吾友東方君論之。記者請更言其侵害我國法權之點，明此爲全國人士所當誓死力争，不得僅視爲上海一隅之事也。

第一，當知我國法律廢止肉刑已久，肉刑即全與我國法律不容。第二，當知我國法律既無肉刑，則肉刑即爲領事團所特定之一種刑法，而并非僅僅規復前清秕制。第三，當知所謂領事裁判權者，僅能使外人不受治於我之法律，而决不能使我國人受治於外人所定之特殊法律。嗚呼！肉刑者，不中不外之法律，而領事團特别制定，以待遇特别奴隸者也。領事團以何權力，視我何事，而敢悍然出此？痛哉！

吾聞美州白人待黑族輒用特别刑法，黑人固無國者，宜美人以特别奴隸視之。我輩安處國境之内，乃忍令外人以彼族所制定之特别法律，來加於我身耶？法權即國權，國權既喪，更何有國？更何有民？非甘爲萬劫不復之奴隸者，其亟起而力争矣。

工商部之違法

民國二年二月十四日《民立報》

嗟呼，工商部爲失言矣！吾聞法律效力，自其公布之日爲始，無追及既往之理。今謂自部頒《暫行礦法》

以後，各省不合例之礦照，當一律取銷。此衹能使未發者不得復發，決不能使已發者亦失其效力也。支寶公司領有民國開礦執照，何得謂之朦混？此礦照頒發時，部中并無《暫行礦法》，何得謂之不合例？至於官民浮囂云云，尤爲大悖法理之論。今之工商部，可以斥南京政府之官民爲浮囂，而使其根據法律所畀與之權利歸於無效，則异日正式政府之工商部，又何可不斥之官民爲貪黷而奪其所批准之人民權利乎？如是則法律全失其保障之力，而人民日處於恐慌中矣。民無信不立，工商部奈何爲此違法之言！

吾非爲支寶公司訟冤也。今日實業之凋敝，全由前清政府不能以法律保護商人積成此種現象。民國成立，而提倡實業之工商部乃首自違法，實業前途尚有幸乎？吾爲此懼！

不可教誨之政府

民國二年二月十五日《民立報》

平民政治之國，不容有特别階級之發生，其理既顯然易曉，而無如國民言之諄諄，政府終聽之藐藐。統一紀念之日得勛位者，又不知若干人！濫溉等於羊頭，賞且及於民賊，好惡拂人之性，欲一一以常理相度，而推測其賞勛之由，老百姓誠無此能力也。駡不勝駡，斥不勝斥，此種惡劣之政府，吾真末如之何也已。

國民不必蹈失言之譏。今日之事，且任彼爲之，至正式國會成立時，再澈底澄清，一律否認勛位之存在，以稍輕老百姓之負擔。此則吾儕國民所當抱定決心者也。

我所望於新議員者（一）

民國二年二月十六日《民立報》

參議員溺職，百政萎廢不舉，國民猶强自慰藉曰：且待正式國會之成立。然則民國興亡之責，乃全在今之國會議員，使新議員而猶吾崔大夫也，則民國真不足亡矣。

記者所欲爲新議員告者，則開宗明義之第一句，乃在各議員自省其身分，毋忘其爲平民之代表，以謀平民政治之穩固是也。官僚政治毒吾國至深，所謂政治革命者，簡言之，即易官僚政治而爲平民政治而已。今之平民，古之所謂大丈夫，富貴不能淫，貧賤不能移，威武不能屈，妾婦之道之官僚派所難能，而平民視之裕如也。議員必如是，而後能審察全國之人才，擇其無官僚性質者，而使之組織有責任之政府；又必如是，而後能刷新全國政治之積弊，毋令有絲毫之污點，與平民主義不相容，此在新議員之善用其良知而已。

純粹之政黨内閣

民國二年二月十七日《民立報》

勇哉，日本政友會也！内閣更迭者再，而該黨主張始終不變。寺内逡巡，未敢就職；桂公雖健，尋亦傾仆。固全國民氣之踔厲，亦該黨擁護憲法之功。山本繼任，海軍黨似已得志，而以謀組混合内閣之故，仍不免政友會大多數之反對，近益揭其鮮明之旗幟，謂非純粹之政黨内閣不能承認。嗟乎，政友會爲能盡政黨之天職也矣！日本政黨，勢力甚弱，故未脱閥閲政治之習。今政友會獨奮起若此，是誠有鉴於政治革新之根本者，况乎以平民政治爲目的之國，而又深受混合内閣之創痛者！其擁護政黨内閣，更當以何種决心出之耶？當仁不讓，吾大政黨之政治家其勉之矣。

江蘇果無人乎

民國二年二月十八日《民立報》

金鼎將漕糧半額許與財政部，張一鵬欲裁存全省審判廳十五處實行幫審制。金、張皆江蘇人，而其爲江蘇謀者如此，宜其不理於江蘇人之口矣。

金鼎吾無責罵，聚斂之臣，其患得患失也宜。張一鵬曾主某報夙談法理，無論其所談者如何，要當知世界立憲國，無此幫審制之名詞，今乃甘心爲行政官之馬前卒，何也？又老圃君曾痛心於中國未嘗革命，不過辦一大保案，其言非記者所贊同。然意老圃君必不願爲保案中人也，何意一躍而任高等審判廳長，竟爲江蘇司法革命史中之擘頭一大保案乎？使老圃君更有宏文，以發揮此幫審制也，記者誠無任歡迎矣。

論者謂江蘇無人，江蘇果無人乎？正式省會且召集，拭目以觀其後可也。

梁士詒

民國二年二月十九日《民立報》

人以平兒比梁士詒，而不知士詒方以蕭曹房杜自況。夫士詒之果爲蕭曹房杜與否，有目者自能共睹。吾獨懼士詒既自擬於曹房杜，而所謂漢高、唐太者，亦即有人居之不疑，則畫虎不成反類狗，真足爲中華民國之大戚耳！

以平兒擬士詒者，吾不知其爲譽士詒歟？抑貶士詒歟？以轟轟烈烈之大觀園，而至於一敗塗地，其罪在王熙鳳一人，而平兒與有力焉。吾不忍中華民國爲大觀園，吾奚忍中華民國有平兒？然幾見平兒在大觀園絮絮自陳其功績，令人爲之肉麻者，然則士詒果不爲平兒也，斯足爲中華民國慶矣。

嗟呼，梁士詒何足道？吾所欲爲國民告者，則觀於士詒之自詡其功，乃知玷污平民政治之勛位，實此輩毫無廉耻之徒欲自擬於蕭曹房杜所造成，而餘人特皆其陪客焉耳。國民奈何不以决心洗此污點哉？

荒謬絶倫之幫審制

民國二年二月廿日《民立報》

張一鵬籌備江蘇司法，議行幫審制，聞者皆莫測其理由，昨見《時事新報》專電，則僅因蘇省司法經費尚未確定之故。夫以今日財政之竭蹶，無論公私何種機關，其經濟皆在恐慌中，然斷無因噎廢食之理。蘇省司法機關經一年來之辛苦經營，未曾稍弛，今籌備處長視事數日，遽欲將光復後各縣增設審檢廳暫行停撤，則其他立法、行政各建設事業又何不可援此爲例，舉光復以前之情形，而一一回復之哉？嗟乎！是直愛新覺羅之功臣，匪僅行政官之馬前卒而已。

今之政府壞於『維持現狀』四字。因維持現狀，而清秕制悉藏垢納污於其中，吾民已深受其害。今不惟維持目前之現狀，使最重要之司法機關爲之停滯不進，而更悍然破壞，欲回復光復以前之情狀，猶美其名曰『幫審制』，則其術視維持現狀爲更進矣。嗟我國民，如此荒謬絶倫之幫審制何哉！

亡國之外交

民國二年二月廿一日《民立報》

『秘密』二字，誤我外交不淺。夫外交誠有當秘密者，然如此次會審公廨鞭刑一案，實無秘密之必要。英使調侃（一方面允廢肉刑，一方面又别籌辦法使受身體上之苦楚，真是絶世奇譚）除據理力争外，正當明詔國民，共圖激厲。而外部反囑交涉使堅守秘密，其理由安在？吾人殊無從索解。意者，外交部自諱其短，而深慮國民之或聞耶？

對外主延宕，對内主秘密，亡清外交之覆轍，今復一一蹈之。其延宕與秘密，皆非有所見而後然，特藉是圖一日之苟安，而博耳根之清浄焉耳。嗟乎！此種亡國之外交，國民猶不急起監督之哉？

嗚呼，教育部之愛國

民國二年二月廿二《民立報》

昨得京友投函，讀音統一會開會前一日下午開談話會，教育部召集會員二十餘人，又特邀美博士丁義華先生莅會。博士見桌上紙烟數匣，即亟呼屏去，謂中國受鴉片烟、紙烟之大害，鴉片方將去，紙烟斷不可復引之來。今紙烟歲耗中國巨萬，教育部尤宜提倡屏除，萬不宜再循俗例，公設紙烟餉客。嗚呼！博士之愛中國，吾國民誠感激無地。何意我堂堂教育部之愛國，乃竟出其下乎？

又讀音統一會開會之日，以茶點餉各會員，茶已而繼以酒，則清冽芬香之外國啤酒也。烟酒同爲奢侈品，使丁博士見之，不知又作祇何語，想亦能太息於教育部之不可教訓而已。

記者曰：不可教訓者，豈獨一教育部？今日各公私團體，以紙烟啤酒之類餉客者多矣，然以教育部而猶不可教訓，則抑止奢侈品歟！夫提倡國貨之責，更將望於他人哉？嗚呼！

吊清后

民國二年二月廿三日《民立報》

宗社既墟，猶擁尊號，念四朝亡國史中，無此幸遇。吾意清后彌留時，當深感共和之大澤，得幸免於大白之懸，而更懸想於法王路易十六之王后，不免於山岳黨人之誅戮，必且私衷竊喜，謂幸未私結王黨，冀死灰復燃也。

吾所爲清后吊者，使彼果有見於平民政體之美善，而能屏弃虚號，夷然爲中華民國一平民，則吾人對於其死，當更表其無限哀悼之情，而惜乎其見不及此也。然在末路帝王中，清后猶不失爲明哲者，得保其身，良非偶致。故吾於其殁，益憬然於專制政體之萬難復興，而頗惜其溘先朝露，不及親見中華民國之强盛也。

平民樂

民國二年二月廿四日《民立報》

以清隆裕后之明達，既已翊贊共和，而猶不肯犧牲一虚榮之名號，吾已爲之痛惜，然猶得曲爲原諒，曰『姑假是以慰撫其宗人』。而吾中華國民垂念其贊助民國之功，則亦毋靳此區區，以表其優待之意也爾。若今者清后已逝，而清室諸妃即有争起代后之事，則洵乎專制流毒之長，而人世迷夢之不易醒矣。

『願汝生生世世勿復生帝王家』，帝王之苦如是，而人乃争爲之，已不可解。今以一清后之虚稱，而死者骨肉未寒，生者已攘臂而争，且有爲之私心竊喜者，使死而有知，隆裕當有無窮之痛。嗟乎！天下之樂，孰有樂於平民者？天下之貴，亦孰有貴於平民者？吾觀於清后之身後而深有感也。

卑劣之競争

民國二年二月廿五日《民立報》

△以缺席爲抵制

參議院之現象，日益悲觀，議員既旋京，而開會止一次，聞因黨争劇烈，議員多以缺席抵制議程之故，此吾國政争之大耻也。

政争之術多矣，未有以缺席爲抵制者。國民以立法權授議員，而議員自停滯其機關，使立法權銷滅於無形，其負國民甚矣。且設异日正式國會，而亦蹈此轍，則苟於憲法有所紛議，將永無五分之四之出席，而憲法又何日告成乎？政黨中人，誠有稍顧大局之心，亟宜取締黨員，毋出此種卑劣不堪之手段也。

新上海之根本救濟

民國二年二月廿五日《民立報》

吾人極端反對肉刑，而對於匪盗充斥，亦不能不速籌救濟之方。夫不教而殺謂之虐，使民無恒産而陷之於法，謂之罔民。今試問租界中，對此可憐之匪盗，其先果曾有教之養之之事乎？無教養而徒以嚴刑隨其後，其虐民罔民也甚矣。

富商大賈，偉人碩彦，寄寓租界，而具有慈善心者，當亦不乏其人，對此問題亟宜奮然而起，移其車馬游宴之費，多辦工廠習藝所，多設半日半夜學堂，務使貧民得所教養，不至流爲匪類而後已。須知根本救濟之法，西人不暇爲我謀，我不可不自爲謀也。

減政主義

民國二年二月廿六日《民立報》

△預算不敷之惟一救濟

各省編制預算案，大抵出入不敷，而未聞行政長官有所規畫補救，其溺職負民甚矣。今廣東胡都督獨能先事綢繆，不可謂非今日難得之事，然減縮政費、裁汰冗員，既議實行，何容瞻顧，今惟聞電達中央，而不聞減削豫算何也？

吾嘗謂吾國今日當力持減政主義，休養民力，徐圖發展。若任意濫支政費，而專望借款之助，則亦知借款以補行政費之不足，爲經濟學之所大戒乎。粤省議决四綱，其前二事實爲切要之圖，各省不可不亟以爲法也。

深識自好之士

民國二年二月廿七日《民立報》

都督協商憲法而深識自好之士，如章行嚴君者，已謂『未敢與聞此事』，且倡爲『不如罷斥所舉各員』之論。

今使都督之上，更有一臨時大總統者，欲提出所見於委員會，未知深識自（行）［好］之士，又將如何？深識自好之士，第一當不爲利禄所動。而京電傳來，除薪水外，大總統更欲厚給津貼、夫馬，其辱深識自好之士甚矣。夫此薪水、津貼、夫馬，固非出自大總統之私囊，而國民點點滴滴之膏血所積成者也。今鋭身自進於國會外之起草機關，憲法之良否未可知，果爲深識自好之士與否，國人自有公評矣。

吾敬援章君，『未敢與聞』之爲深識自好之士進一解，與其請都督之罷斥，不如己之先潔身而退也。

浙省無復設觀察使之理

民國二年二月廿八日《民立報》

浙省議設觀察使，吾意其非真也。自光復以後，裁道逾一年，行政上殊未感其不便，今無論總統教令，究屬違法與否，而於已裁巡道省分，即原令亦未嘗强其復設，試問浙省又有何必要之情形，而必須復設觀察使？耗數十萬，以增重吾民之負擔者，如曰『爲人設官』，此非吾浙民所敢與聞也。

豈獨浙江，凡已裁道之省，於省制未議决以前，觀察使均無復設之理。豈獨觀察使，凡不急之行政機關，其當裁并者多矣。民力耗竭如今日，豈容以膏血爲官僚贈品哉！

有才有識之内閣

民國二年三月一日《民立報》

距今半年前，吾即聞袁總統之『人才内閣』主義，顧自『人才内閣』成立而國事轉日瀕於危殆，内政外交無一足慊國民之意者，是豈人才之有害民國歟？抑所謂人才者，乃袁氏一人之人才，而非國民公認之人才也。今之『人才内閣』，無論其本無人才也，即令有真人才於此，而一入此混濁之炉，雖精金亦化爲頑鐵，無統係無責任之政府，其現象不得不爾也。袁總統謂選舉正式總統後，即组織有才有識之内閣，夫有才有識之内閣，固吾民所亟欲得之者，然以何道而後得之，則必非向之『人才内閣』所能，而政黨内閣之组織，真不容稍緩矣。

吾爲此懼

民國二年三月二日《民立報》

梁士詒以蕭曹房杜自命，則倪嗣冲、張勲、馮國璋輩，安得不自居於從龍之士，而以漢高、唐太期於昔日宫保、今日總統之袁項城？《中國報》所載勸進表確否？雖未可〔知，而國民於此固未可〕〔一〕與尋常之流言相等視矣。

〔一〕據報紙補。

袁總統不爲拿破侖，吾甚信之。若其私人如倪、張輩，能不爲陳橋諸將與否，則實不能無疑。况梁士詒自擬蕭曹房杜，而袁總統即如其意以予之，尤啓妄人窺伺之漸乎？懲前毖後，使倪、張而果有勸進之文，亟宜立正典刑，以謝叛逆民國并陷總統於不忠之罪。然誕妄如梁士詒者，猶不褫其勛位，罷免秘書。履霜堅冰，由來者漸，吾爲此深懼矣。

財政部之罪惡

民二年三月三日《民立報》

財政部向江蘇要錢，責令按月照解，而不意江蘇省反向財政部要錢，謂每年應撥還江蘇餘款七百二十萬兩也。夫蘇省擔任之京協餉洋款賠款及其收入之關鹽兩項，皆載在簿籍，犖犖可稽，而財政部竟不知其盈朒之數，顛倒舛亂，是誠昏瞶糊塗之至者矣。

今之財政總長，蓋不知財政爲何物。鷄鳴而起，孳孳言利，非以利民利國，而以利其身家。廣設機關，遍布私黨，財政部赫然有『紅部』之稱，而全國經濟狀况乃日趨於黑暗之境。即以今日京電論之，所謂『督辦組織各省銀行事宜處』者，爲何種之機關？而高凌蔚〔一〕、高松如者，又爲何種之人才？嗟乎！使正式政府成立，

〔一〕即高凌霨。

而國民猶以若而人者使爲財政總長，吾真不知死所矣。

缺席抵制之抵制

民二年三月四日《民立報》

提倡黨德

減少法定人數

參議院之惡潮，近蔓延於各省議會，若閩、若蜀、若蘇，皆以議員缺席延會多次。夫以缺席爲抵制，其手段之卑劣，吾人已痛切言之，而政客不悟，反引爲得計，是誠不顧大局之甚者矣。

各省正式議會今方開幕，非參議院之殘局可比，而首先揚此頽波，使政黨諸君不易提倡黨德以爲遏制，恐更播黴菌於正式國會，而民國前途不可問矣。或曰：『減少法定人數，如英日諸國，使議員無從以缺席抵制。』是説也，吾亦甚贊成之。

財政部再做冤桶

民二年三月五日《民立報》

財政部再做冤桶，此自財政部闊綽處（參觀新聞四第三條）。然吾儕小民，殊有所不甘，每年一萬二千五百二十兩，當養得幾許飢民！周學熙欲見好外人，承受端方衣鉢，不能以國民膏血作人情也。

吾聞上海有爲鴉片商辨護之某報，在理宜受鴉片商豢養，民國方厲禁鴉片，豈容以此種半官報辱没民國體面？嗟乎，國民！爾果有進步與否？爾之於周學熙，果仍如前此之縱容端方與否？記者謹拭目視之矣。

治絲益棼之銀行政策

民二年三月六日《民立報》

高凌霨、高松如之徒是否有銀行智識，今姑勿論，但推行紙幣、開辦金庫確係中央銀行分内之事。今所謂改組各省銀行者，如指中央銀行之分行而言，中央銀行自能謀之；如指中央銀行外之各省銀行，則財政部頒一銀行條例而使之遵守足矣，要皆無庸此不倫不類之專員爲也。財政部不知注重中央銀行，籌辦經年，迄未成立，其誤國已不可勝道，今復爲此治絲益棼之政策，國民能容恕爾乎？

政府許交通銀行發行紙幣，已侵奪中央銀行之權限，其原因則總統府與交通銀行有特别交涉故。今此二高之任命，蓋不知其中又有多少鬼祟之關係也。嗚呼，政府之罪惡！嗚呼，吾民之膏血！

都督協商《憲法》

民二年三月七日《民立報》

都督協商《憲法》，既爲深識自好之士所反對，而各都督殊無悔心。章君行嚴之電發表旬餘，未聞有絲毫之反響，訑訑之聲音顏色，拒人於千里之外，研究會之結果可知矣。

吾前謂深識自好之士當潔身自退，今更以一言爲各都督告。諸君自以其高見或親信之人研究《憲法》，未始非一盛事，惟委員會條例既未通過議院，則：第一，研究會之所費，當由諸君共同醵集，不得耗我國民一文；第二，研究會之所得可由諸君自由刊布，却不得向國會饒舌一句也。

財政部惟一之夢想

民二年三月八日《民立報》

二萬萬内債，財政部早編入本年預算，而窺測政府意旨，轉若視爲無足重輕者。參議院議决以後，遲至數旬，始由總統公布條例，公布以後，今又若干日矣，未聞財政部於發行手續上有若何之預備也。

財政部惟一之夢想，在於外債。一年以來，無絲毫整理財政之計畫。此夢不醒，無論借款無成、百政莫舉，即令有所成就，而今日得款，明日用盡，非惟無益，又且害之。近有人語余，謂周學熙漠視内債，又不開浚財源，而惟知倚賴外款，實由借外款可以發私財故。嗟乎！財政總長之用心如此，吾民無生機矣。

張元奇

民二年三月九日《民立報》

不度德量力之官僚，醉心於都督省長，而悍然與民意一决勝負者，當視張元奇。好惡拂人之性之政府，藉口於任免特權，而竭力擁護其私人者，當一思張元奇莅閩之結果。

張元奇莅閩之先，閩人之反對者衆矣，而論者或訾其無當。夫欲知反對者之果有當與否，則莫如視張元奇莅閩後之成績。今其成績果何在乎？以濫作威福之故，徵募衛隊百十人，又復給以武器，縱令互哄，居民驚擾，而已亦駭汗却走。嗟乎！閩人果有錢，何不闢一動物院，豢養虎豹豺狼之屬，恣觀其飲啖以爲樂，即不幸脱柙而出，其驚擾度亦與此等耳。嗟乎！我言此，我泪枯矣，我謂民國官吏無論何人不當募用衛隊，其理由當更端言之。

民國官吏不當有衛隊

民二年三月十日《民立報》

我感於張元奇衛隊擾民之事，而謂民國官吏不當有衛隊，其理由可得言之：

（一）以法理言，民國國民當受國家同等之保護，官吏雖執行公務，而就其個人身分，固同爲國民之一，國民皆受保護於警察，官吏不當獨異，故無衛隊之必要。

（二）以政情言，民政之國當力求官民之相親，前後簇擁，荷槍清道，即無其他流弊，而官民之間已多一重阻隔。我見外國元首外出，往往與平民相同，親民者民必愛之，我國欲求平民政治之鞏固，不當沿襲前清衛隊之舊。

（三）以經濟狀況言，國民輸納之財當爲國民用之，能多用一文於國民身上，國民即多一分之賜。豢養衛隊爲官吏一身，於國民無與，況今日財政奇絀，更不當耗此閑款耶。故豢養衛隊之費，我國民萬無承認之理。

嗚呼，企業之前途

民二年三月十一日《民立報》

財政總長因爲啓新公司之股東，陷害湖北水泥廠；工商總長因受漢冶萍之運動，抹殺南京支寶煤礦公司；交通總長因與招商局辦事人之關係，陽助新公司而暗阻其成立。爲鬼爲蜮，無獨有偶，三總長得志，而民國企業之前途休矣。

人人曰『實業救國』，而三總長必摧殘實業。三總長甘亡國，吾國民亦甘之乎？奄奄垂斃之參議院，即質問亦無能力。吾以爲股東之已受損害者，當徑訴該總長於法庭，而要求其相當之賠償。國民猶有救國心者，當以今事爲殷鑒，而努力求良政府之成立。

闢選舉總統之謠言

民二年三月十二日《民立報》

昨某某數報載北京專電，大致謂選舉總統在即，人心惶恐，紛紛遷避，各國使館亦日日增置軍械防備。异哉，此言！其爲真耶，北京將以何法争總統，而使内外人震撼若此？其爲非真耶，某某黨又有何種之奇想，而造此駭人之誣詞？

選舉總統，非推翻總統比，無所用其惶恐也。或謂謡言甚急。所謂謡言者，不知何指。謂願膺候補總統之選者，不一其人耶？共和國政黨魁率願爲國服務，當然出於此途。謂各黨選舉總統之意見不一致耶？選舉本人民自由意思，各黨各欲行其政綱，即各推一人爲候補總統，亦何足异！凡此皆無發生謡言之餘地，况乎今之偉人亦未以候補總統自居，而各政黨對於總統問題尤未嘗表示其意見，然則謡言何自而起？即云無識者内自驚擾，外人又何至盲從？嗚呼！本無謡言，而自造其謡，且不惜造爲至奇怪之謡，内以擾全國之視聽，外以啓强敵之戒心，新聞家如此，吾又憶及吾之良心論矣。

悔禍〔一〕

中央與地方本無惡感，自小人播弄其間，而種種誤會以起。然是非終有大明之日，彼造謡者之伎倆，亦自知無可復施，於時漸變其論調，因昔日之厚誣粤、贛二督，而乃謂其今日之悔禍。自我觀之，粤、贛二督，始終無反抗中央之意，今昔態度未嘗或變。當大借款第一次破裂時，粤督即首以巨額解京，扶助中央，此其鐵證。贛省民政長

〔一〕此文原載一九一三年三月十三日《民立報》。

李督實請中央任命，其後反對風潮，則純爲汪瑞闓個人問題而起。東南不穩，皆小人構陷之辭，於二督又何涉者？然記者於此，亦有爲之竊喜者，則以疇昔播弄造謡之人，而今亦漸變其態度，此實近來新聞界佳象，不謂之悔禍而不得也。

罔民而可爲乎

民二年三月十四日《民立報》

九龍餘孽，我知其無能爲也，擾擾而聚，蠢蠢而死，稍有常智之國民無一贊成之憫惜之者。雖時蠢動，其何能濟？敢告國人，毋庸相驚以伯有也。

我所懼者，則企業不講、失業之民太衆。前此遣散軍隊，又未爲代籌生計，一二野心家陰爲鼓煽，若輩靡然從之，非必天性好亂，饑寒所迫。有寧死不暇顧者，不於根本上籌救濟之方，雖逆料未能成事，而坐視其自陷於罪，是孟子所謂罔民也，焉有民主之國，罔民而可爲也。

九龍餘孽費尋猜

民二年三月十五日《民立報》

我謂九龍餘孽，由於饑寒所驅使。此指其脅從者言之，若一二野心家則似有大欲存焉。廣設機關，遍布羽黨，其耗材尤不在少數，吾儕試一窮其究竟，則此中大有可疑之點在也。第一，若輩何由得此巨資？第二，若輩既有錢，又何以甘心爲亂？聞之道路，頗似有一野心之國，欲得志於我西北，乃先謀擾我東南，散錢縱亂，而此九龍山者，乃竟爲之利用。果爾，則若輩直賣國，非尋常叛亂比，國人宜如何慎防之哉！

平民政治之污點

民二年三月十七日《民立報》

政府於百忙中，制定地方官公服令，可謂好整以暇。而據本社京電，則此公服令中，尚含有儀從之規定，紅傘警兵，前呼後擁。此電而確，平民政治之污點，不知又添幾許矣。

記者前謂民主國官吏不當有衛隊，今更易詞言之，則民主國官吏實不當有儀從。警兵之爲用，在保持公衆之安寧，决非前此之輿隸可比。行政官而以警兵爲儀從，則尚武之風，又何由進。若紅傘者，吾尤不知具何用，專制時代之廢物，使復現於二十世紀之新共和國，獨不慮五洲騰笑也耶！

《憲法》不當有顧問

民二年三月十八日《民立報》

建設造端，豈惜借才异地，然他政可有顧問，而《憲法》不當有顧問。蓋他國良憲，雖當博考，然典籍具在，豈難勾稽？即各國政情、國士亦豈乏研究？况欲參酌我國情勢，尤非外人所能勝任。報載袁總統現聘《憲法》顧問，吾不知具何心也。

况制定《憲法》，其權全屬於國會，今由總統府延聘《憲法》顧問，將於制定以前預備議案提交國會乎？抑於制定以後，可以其審查之意見提出覆議乎？凡此皆非制定《憲法》所許，國人不可不注意也。

伶界大王之魔力

民二年三月十九日《民立報》

税章可以破壞，烟禁可以取消，法律亦可以摧弃，而譚鑫培必不可開罪。咄咄，伶界大王之魔力！丁孔章、欒達成之荒謬，僅以記過了事，法治國之前（前）［途］，無可望矣。然豺狼當道，焉問狐狸？丁、欒何足責，不又有力祖譚鑫培之財政總長周學熙乎？官僚餘孽，於一伶界大王，且甘爲其忠臣孝子若此，則政治上之魔力，有遠過於伶界大王者，其違法擁護，更當何如？嗚呼國民，可以悟矣！

縱容殺人之政府

民二年三月二十二日《民立報》

國民奈何縱容之？

黔匪劉氏慘殺于德坤，其真相早經暴露，而政府不之究詰，一任唐、劉之狡辨。自是以後，匪膽愈强，仇殺异己之事，蓋幾爲政府默許某黨人之特别權利。至於今而有宋教仁先生之被刺，即道路傳説，盡屬子虚，而政府長奸縱惡之罪，已有萬不容恕者。

於宋教仁被刺聲中，復有四川國民黨支部長有人謀刺之事。黨争之不德，皆政府縱容殺人有以致之。故人因刺宋先生之凶手遠颺而爲之憤懣，我獨對於此縱容殺人之政府，而爲之太息痛恨於不置也。

當與國人共弃之

民二年三月〔一〕二十四日《民立報》

北京之救國團與上海之救國協會是一是二，今姑不論，而其爲奸人所虚造，則皆毫無疑義。救國團通電於宋先生未死以前，救國協會寄函於宋先生將死之際，以亡國之狠心，托於救國之名義，此當與國人共弃之者也。

救國團與救國協會其鬼祟略同，然救國協會尚不過一詭秘之郵件，而救國團則居然通電全國，且有政局中人爲之代發一等電報，則此代發官電人之尤當與國人共弃之者也。

〔一〕抄本誤作『四月』。

何以慰宋先生在天之靈

民二年三月二十五日《民立報》

天網恢恢，罪人斯得，主名造意，不難有水落石出之時。宋先生之靈，其可稍慰乎？然而未也。淬厲精神，奮勇直進，一乃心志，以求真正共和之良憲法、良政府，所慰宋先生之靈者在此，此吾黨一息尚存不容稍懈者也。

然維持民國之責，吾豈願獨私於吾黨，而舉世滔滔，公論之中猶羼邪説。昔羅斯福遇刺，塔虎脱、威爾遜皆停止選舉運動，以待其傷痊，黨德何等高尚！今我宋先生被戕，而异黨之詖辭不息。人心如此，國何以存？宋先生之目，其不瞑乎，嗚呼！

咄咄怪事

民二年三月二十九日《民立報》

國務院自稱接應夔丞快信，并附一監督議院政府神聖裁判機關宣告文，可謂咄咄怪事。謂應自稱駐滬巡查總長，得此宣告文，當盡其報告之職務耶。然應函語氣實含有恫嚇意味，决非尋常之報告書也。謂應實與此『裁判機關』同黨，而因以恫嚇政府耶。然應致書政府之日爲三月念三，時宋先生已死，武士英未獲，應何爲自泄其機密？且既已自泄其機密矣，何以二十三日寄此函？而是晚被捕後，其口供又毫不涉及此事也？

以是種種，則此函之爲揑造無疑。而揑造此函之用心何居，與夫何人能揑造此函，國務院又何遽以此可疑之函通電各省，是則在吾國人之善爲研究矣。

不祥之物

民二年三月三十日《民立報》

胡翡雲與蘇佩秋

嗟乎，青樓紅粉，誠不祥之物哉！應桂馨之被捕也，報信者有一胡翡雲；洪述祖之南下也，同行者有一蘇佩秋。遥遥相對，不謀而合，何其巧也。

此兩妓者與宋案有無關係，固無研究之價值。彼輩以金錢爲目的物，見揮霍者倚賴之，應、洪之秘密消息是否與聞，殊未可知。特是中國每發生一大案，多有娼寮穿插其間，抑又何也？

曾憶前清時，段芝貴出重金得楊翠喜獻之于載振，奕劻以黑龍江巡撫酬之，廉耻送表，賄賂公行，適以速滿清之亡。今應與洪謀刺民國偉人，而翡雲、佩秋適逢其會以出，吾殊爲民國前途悲耳。甚矣，青樓紅粉，誠不祥之物歟！

不自由，毋寧死

民二年四月一日

昔人有言：『不自由，毋寧死。』予謂今日之中國人，亦當有一『不真共和，毋寧死』之決心，然後共和之幸福始可得而享。

共和乎？自由乎？爾之代價真巨矣！豈畏難苟安之民族所能得者乎？噫！

奇事

民二年四月二日《民立報》

洪述祖，一內務部秘書耳，乃能與總統造膝密談，肆其邪説，請收拾异黨一二人。而總統亦僅以門面語周旋，并不稍加懲創。使非應桂馨被捕，搜出洪之鐵證，則不知洪更與總統作幾次密話也。此一奇事。

武士英在閘北轄境行凶，而警長龔璽揆接電話後，諉稱非我所管。今洪述祖自京而津，又由津浦車南下，掉臂游行，如入無人之境，而津浦北局又曰『本路兵警不准干涉』。則何不明言之，謂『武士英、洪述祖，我殊不願其弋獲也』。此又一奇事。

洪述祖就獲

民二年四月五日《民立報》

洪述祖已在青島拘留，此大快人心之事也。彼雖自稱於宋案毫無關係，然此等凶惡狡詐之徒，其口供豈能置信？即如武士英一犯，昨日忽又翻供，并公然自認前此供詞爲僞造。夫法廨訊供之際，既未刑求，又無威逼，何須僞供？記者昨日觀審，頗怪關讞員既研詰武犯，何於此種緊要關鍵，轉未推問？繼而思之，此案總以證據爲重，證確則口供雖狡，無害也。

英領事康君訊理應案，極表示其公正之態度，吾人深所感謝。尤望膠州總督不讓康君專美，早日將洪移交我國法庭也。

國民宜如何奮勉乎

民二年四月六日《民立報》

正式國會將開，而承認消息已至，美人誠愛我哉！吾意其他友邦，其好義當亦不下美人，而日人尤必争先承認。中山赴日，日人一致歡迎，且曾有首先承認民國之語，其惠我之意，吾人早感謝之矣。今拒讓美人獨爲君子乎？

吾人感外人之好義，尤不敢不益自奮勉。國會成立，當首以制定良好之憲法爲第一要義，而後再選舉總統，威嚇利誘，皆不足動我也。彼反對者或以推翻中央誣我，然凶徒武士英之口吻，彼西探且斥謂未聞矣，庸足惑我國人乎？

政治關係

民二年四月七日《民立報》

英領事辦理宋案，吾人深感其公正。惟對於一切證物，英領謂有政治關係，未肯即予宣布。則其所以鄭重此案者，匪徒無益，而又害之，吾人殊未敢贊同也。

辦理宋案，當純據法律解决，無所謂政治關係。刑法上之地位，自總統以至於國民，人人平等。果犯殺人之罪，無論何人，皆不能逃法律上之制裁。而亦除法律制裁以外，更無何種關係可言。故宣布證物以斷定犯罪主名，乃純然法律上之事，與政治無涉也。

且正惟證物終不宣布，而後法律之效用以窮，而政治之危險乃起，此觀於近日國民危懼悲憤之心理而可知之。故記者深望今日開訊，英領事能與關讞員同意，公布一切證物於公衆之前也。

北京〔一〕當減駐軍隊説

民二年四月十一日《民立報》

世界各國首都之駐軍，無有若我今日北京之多者。一月前，余友孤鴻君爲余言，北京兵多，係沿襲滿清之舊。清私天下爲己有，又以我爲家賊，萃其子弟，擁武自衛，亦固其宜。今既改建共和，應知兵以禦外，非以防内，保持安寧，自有警卒，白宫所在，兵多奚爲。今宜定至多之度，以一師爲限。余聞之深韙其言。

不意北京今反以增兵聞！踵亡清之覆轍，啓國人之猜疑，惑莫甚焉。今欲爲鞏固民國計，匪特當反對北京增兵，并宜竭力主張以北京原有之兵移駐邊境，庶合乎國家設兵之真意，而亦以免帝制復興之疑懼，豈非當務之急哉？

兩個民賊

載於民國二年四月十四日《民立報》『大陸春秋』

張勳南下，蓄心已久，程督前次赴徐，即因張有南下風説，特親行巡閲，以阻其來。今匪勢已熄，張忽自

〔一〕抄本作『北平』，據報紙改。

天而下，大總統賞識飛將軍，小百姓之治安不屑計，即老都督之體面亦不暇問矣。嗚呼！南方裁兵，北方增兵，其用意乃如此乎？

言敦源赴膠，係奉政府特命，辦理洪述祖引渡事，乃據其自述。德人盤詰，竟托詞探親。吾不知其赴膠時所奉命令如何，又不知其與魯督所商辦法如何，何竟出於詭秘之行動，不敢與膠督正式交涉乎？此等鬼話，將誰欺，欺天乎？

嗚呼！一個來得突兀，一個去得鬼祟。民賊橫行，吾民尚有幸乎？嗚呼！

平民政治之賊

載於民國二年四月十六日《民立報》『大陸春秋』

今日之事，爲官僚與平民之激戰。而最爲平民政治之賊者：（一）爲曖昧不明之任官權；（二）爲離奇怪誕之新官制，即如應夔丞之巡查長。程督電告總統，有『乞秘勿宣』語（原電見八日新聞一欄），今應固自稱爲大官，使非宋案發現，吾恐江蘇公民迄今尚未知有此官也。又如觀察使之設置，未經參議院議決，總統以命令代法律，本吾人所極端反對，而一般民賊則多藉此出頭。吾聞洪述祖實垂涎蘇省觀察使，曾致應夔（臣）[丞]函，有『兄思於常鎮或淮揚分一席，然須雪老同意電保，弟晤時能一提否』之語。嗚呼！竭民脂民膏以養冗官，其效果乃在多得鷹犬之用。吾民又如此養鷹犬者何哉？

今非嚴重監督任官權，及以全力否認違法之官制，則平民政治尚有幸乎？嗚呼，是所望於正式國會及省議會！

嗚呼，陸軍部

載於民國二年四月十七日《民立報》『大陸春秋』

嗚呼，袁總統之所謂人才

熱河之驚報紛來，陸軍部未有若何之處置，而獨令上海製造局撥多數槍彈於徐寶山。吾未聞淮揚之間有風鶴之警，足勞軍部擘畫者也。蔑視邊患，挑撥内争，陸軍總長段祺瑞之罪，可勝誅耶？

在袁總統之『人才内閣』中，段祺瑞之陸軍較周學熙之財政，猶差勝一籌，而其政策之卑劣怪誕至此，其笑媚兹一人者之終必誤國也。嗚呼國民，可以悟矣！

喪師辱國，誰之罪歟

載於民國二年四月十八日《民立報》『大陸春秋』

庫匪逆迹昭著，政府不能大張撻伐，反明告前敵各軍切勿出戰。卒之我不欲往，敵反先至，大王廟之挫，非陶什陶能敗我，實段祺瑞、熊希齡、傅良佐輩有以懈軍心而長寇氛也。嗚呼，喪師辱國，誰之罪歟？

袁總統自詡知兵，而庫事起後，荏苒一載，未敢以一矢相遺，反於臨時政府之尾聲，重爲中華民國戰史留此莫大之污點。知兵者固如是乎？或謂袁總統之養兵本別有作用，匪以爲國家捍患禦侮者。斯言其或信歟？

反對大借款

載於民國二年四月十九日《民立報》『大陸春秋』

大借款條件，匪特國民反對，即政府亦自知其不可。故財政總長既堅辭謝絶於前，而美銀行之脱團，吾朝野尤共示感謝之意。以常理言之，非五國銀行團翻然讓步，盡捨其特别之要求，政府決不當更與周旋也。今條件之輕減無聞，而財政總長又與五國團開始會議。此中理由，解人難索。臨時期限將終，正式國會開幕，政府有何迫不及待之舉，而甘就五國團嚴酷之條件？外之無以對友邦之美人，内之無以謝全國國民，非喪心病狂，何至出此！吾人能不以最後之決心，反對此大借款耶？

匪特大借款當反對也，即不明不白之小借款，其條件雖較輕減，而用途曖昧，國民亦不可不嚴重監督之。須知政府殺人之錢、買收議員之錢，皆將於此取求，而异日仍以吾民之膏血抵債之也。

毋以國民爲可欺

載於民國二年四月二十日《民立報》『大陸春秋』

國會既已成立，則凡借款問題皆應正式交議，國會曰可則可之，國會曰否則否之。如僅由財政總長以詭秘之態度，與外人締約貸款，則是政府中人擅借之私債，我國民萬無承認之理。

借款之負擔，在我國民，苟欲以國會未經承認之借款，强我民負擔，我寧死不能從也。政府毋以民國爲可欺，各友邦亦毋爲我政府中人所欺。

嗚呼，國民

民國二年四月廿二日《民立報》

嗚呼國民，爾亦知關係全國生死之大借款，不久即將簽字耶？嗚呼國民，爾亦知五國銀團之條件，并未視六國團輕減，而前之不願聘俄人爲顧問者，今且俯就其範圍耶？嗚呼國民，爾亦知政府視《約法》如無物、視國會如無物、視我民權利如無物，而後敢悍然締結此私債耶？嗚呼國民，爾及今不言，爾且萬劫不復矣！

嗚呼國民，代表爾之國會，爾其速監督之！使與賣爾之政府力争，否則人且視爾爲已死矣！

自相矛盾之黨綱

民國二年四月廿三日《民立報》

進步黨揭櫫之黨綱，自吾人觀之，殊無視三黨進步之處。前二條關係太巨，欲評論之，当俟專篇；後二條無可反對。惟記者所不解者，則该黨既知節省浮費、刷新吏治之必要，而同时又以扶助袁世凯爲號召也。

今日中央政府機關之濫設、行政系統之紊亂，而冗員之多，實出吾人意計之外。以一總統府而顧問達數十，軍政、財政各設專處，職權駕陸軍、財政二部，其所以增財政上之負累，而容納官僚之污垢者，固已通國皆知。聞臨時期内，袁虧空達二千萬，而所用者多洪述祖、應桂馨之儔。以此而言節省浮費，刷新吏治，何异南轅而北轍乎？三黨猶有人，勿爲此自欺欺人之語也。

欲蓋彌彰

民國二年四月廿四日《民立報》

言敦源云：『最近聞洪述祖對人言，我已五十餘，不弄幾個錢，怎麽得了？』又云：『洪所作的事，確是爲騙幾個錢。我不解洪述祖殺宋鈍初，何以能騙幾個錢？又不解此錢是何人所出，出錢買宋鈍初之命又何用？』嗚呼！就言敦源之言觀之，而在洪述祖以上之罪犯，固已路人皆見矣。

梁士詒云，朱蔭榛所持交通銀行票二千元，確係在總統府中領去。應爲駐滬巡查長，原議月俸三千元，蘇督任一千元，中央任二千元。我不解一巡查長之月俸，何以駕於各部總長、各省都督之上？又不解應桂馨支領月俸，何以不至財政部而至總統府？嗚呼！就梁士詒之言觀之，而總統府之豢養殺人犯，又已昭然若揭矣。

嗚呼！言敦源、梁士詒，爾欲爲宋案狡辨，庸詎知愈辨而事實愈不可掩耶？作僞心勞日拙，爾其休矣。

國會開議後之第一事

民國二年四月廿五日《民立報》

△反對政府違法借款

外資非不可借，而條件必須審慎。審慎條件，其責在政府，而國會實監督之。今大借款條件果如何乎？顧問制度，著於契約，且分國支配，悉如外人所要求。使其提出國會，吾知必全場反對，以促政府之改訂。而政府乃欲乘國會將開幕之際，倉卒簽約，悍然冒天下之大不韙，其意果欲何爲乎？

國會開會，當以此爲第一事。政府違法借款，國會不承認，吾民不能負擔償還之責，并不能容忍此違法之政府，更一日延其壽命也。

黨見與公理

民國二年五月五日《民立報》

政府違法借款，國民一致反對，此正公理未滅處。而爲惡政府辯護者，反以黨見訾人。實則聲討惡政府賣國，爲國民生死問題，決非政黨勝敗問題。

代表民意之參衆兩院，非一黨所得私也。王家襄、丁世嶧，皆進步黨黨員，而其調查報告不爲惡政府曲諱。衆議院議員，進步黨幾占其半，而今亦全場一致反對借款。可知良心未死之國民，無論何黨，皆不忍坐視政府賣國也。

吾可敬可愛之商民，勿更爲彼無耻造謡者所愚，讀王文典君闢商界共和國之語，知吾商界之大有人在也。

敬告我商民

民國二年五月九日《民立報》

宋案取決於法庭，借款監督於議院，吾商民之所期望於法庭、議院者，可謂重矣。夫要求袁、趙到案質訊，及請兩院彈劾袁、趙，吾輩自問，固全以法律爲範圍，并非以血氣爲勝負也。危詞悚論，所以激勵國民，亦正所以鼓舞法庭、議院，與吾商民之意，蓋殊途而同歸，未嘗稍异。

所以使我商民恐懼不安者，則全由袁黨報紙日日造謡生事、誣人謀叛所致。昨日京電，《國權》《國華》《亞細亞》等報，又捏載南北業已决裂，張勳戰敗冷遹等謡。試問此種謡言，其擾亂人心，至於何等？而《國權》等報乃忍心造作，則其他種種紀事，更可斷其有心造謡，以摇動大局矣。

敬告我商民，今日大局恐慌之現象，直接由袁政府造成，間接由袁報紙助長，幸平心静氣一研究之也。

法庭與議院又被搗亂矣

民國二年五月十日《民立報》

殺人犯法，借債違法。法之用幾窮，而吾人終不敢藐法，以爲法庭與議院吾人所恃以保障法律者。法律解決之希望未盡絶，則吾人斷不願訴諸政治。故無論和平者與激烈者，咸寄其無窮之希望於法庭、議院之中。

乃黄慶瀾斷不瞻顧之電文甫去，而楊蔭杭撤换全體之公函已來，吾知票傳趙秉鈞之陳英，亦終不安其位而去耳。夫許世英非自稱力争司法獨立者耶？楊蔭杭又非留學西方法政者耶？乃竟甘心違法，以搗亂法庭！法庭搗亂，而宋案無復有正當解決之希望。

又衆議院已表決政府違法借款，決將咨文退回。而進步黨忽甘爲袁氏爪牙，死力擁護，雖湯化龍良心未死，避不出席，亦終無術使之覺悟。夫服從表決，爲代議制度所必要，乃以立法之議員，身先違法，推翻表決，以搗亂議院。議院搗亂，而借款事亦無復有正當解決之希望。

嗚呼！人心厭亂，所希望者惟議院與法庭。而喪心病狂者，猶百計搗亂之，豈不如是，則製造亂機之術有未盡耶。嗚呼！法律之效用，今且窮矣！吾其如此搗亂者何哉？

説謡

民國二年五月十三日《民立報》

傾陷异己者、獻媚權要者、報復種種恩仇者，無不以造謡爲惟一之能事。且明明自己造謡，却偏要説人家造謡。謡言愈多，公理愈晦，國事愈不可問。

謡言之多，實有人提倡之。提倡者誰？袁世凱也。今試問古今中外，有以謡言入命令者乎？路透電、《大陸報》所述，匪特國民知其誣，即袁亦知其誣也。前清言官，有風聞言事之例矣，焉有民國總統，而據風聞之詞，公布命令者乎？此爲袁世凱利用謡言之鐵證，而其機關報之種種造謡，更無論已。

嗚呼！國民苦謡言久矣。拔本塞源，其亟知所從事哉！

特别罪犯〔一〕

民國二年五月十四日《民立報》

應夔丞在押，大吸鴉片，一日費銀幣三元有奇，皆取之公款，又爲代製綢質衣裳。穆杼齋眼中，固以應爲

〔一〕抄本作『法庭』，據報紙改。

特別罪犯，理當特別供奉也。特別法庭不可有，而偏有特別罪犯。嗚呼，中華民國之法律！

不僅此也，趙秉鈞、程經世既由檢廳認爲嫌疑犯，出票提訊，而其總理秘書之資格至今仍未取銷。且趙以嫌疑犯，不向法庭陳説，而能通電各省辯護，則世界罪犯中，尤未有此特別權利者矣。

宋案解決當以法律，此全國人民之公言。特自有特別罪犯，而法律前途殊不可恃耳。吁，其危哉！

以全力永守共和

民國二年五月十五日《民立報》

黎宋卿致黃克强電，有聯合各省都督，以『全力擔保，永守共和』之語。大哉言乎！此吾國民所共聞而共感者也。雖然，共和之界説，果何如乎？所以永守共和之道，又當奚出乎？此記者願與全國國民更事研究以爲黎公進一解者也。

共和政體，以實不以名。若懸一中華民國之玄詞，塗民耳目，而專制之餘孽未除，政治之罪惡益甚。蹂躪憲法，蔑視國會，廣植私黨，殘害平民，若而國者，果得假共和之名詞以自慰乎？吾知國民皆曰不可，即黎公亦必曰不可也，然而今日之現象，實類於此。此國民所爲誓死力争，以永守真正之共和也。

至永守共和之道，推黎公之意，若謂果有帝制自爲者，吾必合各督之力以聲討之也。此無論焦頭爛額之未必有功，就令能濟，而國民之損失已多。故吾民之意，以爲掊擊於事後，不如防範於機先。宋案、借款，其機已大露矣。苟有永守共和之决心，不當再有姑息愛人之舉動，聯合各省都督，更聯合全國國民，以爲嚴重之監督，黎公其有意乎？

行政部何不辭職

民國二年五月十八日《民立報》

立法、行政，判然兩事，越權固不可，諉責尤不能。乃袁世凱因參議院反對大借款之故，竟欲令參議員自行辦理注銷之外交，及籌款清理洋債、編訂適當之預算案。此種村嫗勃谿之故態，不圖竟見於民國總統！袁以爲藉此可難倒立法部耶？徒見其辱没行政部而已矣。

語曰：『庖人雖不沾庖，尸祝不越尊俎而代之。』行政部失職，立法部能監督之，不能取而代之也。行政部自知失職無可補救，則惟有亟遜賢路，讓其責於後任，不能使立法部代操行政之事也。袁腦筋太舊，本不知憲政爲何物，然此種極易分晰之事，似不應含糊至此。意者暴怒暴跳，其神經已錯亂歟？噫！

違法擾民之戒嚴令

民國二年五月廿一日《民立報》

浙督朱介人，以『戒嚴期内』四字將約法所許之集會結社自由輕輕奪去，其術彌工，其心彌毒。

一地方宣布戒嚴，必有不得已之理由。今觀朱督布告，一則謂各處地方均甚安定，再則謂吾浙秩序如常，是明明無戒嚴之理由也。無理由而戒嚴，朱督不能辭違法擾民之罪矣。

正當之監督

民國二年五月廿三日《民立報》

贛非産米之區，禁米出口，尤非今始，而反對黨謂其對鄂遏糶。又贛軍并未越境，而哄傳謂其進兵武穴。小人造謠，真是無所不至。

又前傳贛省於十五日宣布獨立，今十五日之期早過，何嘗有絲毫舉動？黎副總統派員調查，既證明事屬子虛，即電請查拿造謠之人懲治，可見天下事自有公論。

吾謂造謠者必有所恃，『懲治』二字，徒托空言。果吾國民始終如一，力施正當之監督，勿以謠言而亂其步調，或懈厥初心，則謠言雖多，奚害焉。

袁家將之中國

民國二年五月廿四日《民立報》

十一省都督通電（統前後署名者言之），以武斷横决之詞，論列時局，其對於個人之攻擊且勿論，而蔑視法庭、議院，實昭然無可復諱。中央果欲裁撤不順軌之都督，以弭禍本乎？吾爲此十一都督危矣。

軍警勿干預政治，吾數聞政府言之。而張作霖、雷震春輩，乃又發其電報之威風，擾亂國民之視聽，彼殆不欲復爲軍人乎？政府宜有以處之矣。

雖然，《新聞報》言之，『今日之中國，袁家將之中國也，去休去休』，記者亦祇得隨『柳』君之後，中華民國之法制，固毋庸向袁家饒舌也。

搗亂

民國二年五月廿五日《民立報》

自今以往，政府無事不可爲，無論何種喪心病狂之事，國民苟有反對，皆可以一語緘其口，曰：『此搗亂也。』而异己之徒，更可於此一網打盡，曰：『此輩於搗亂外無長技也。』斯真二十世紀愚民虐民之新術矣。

且使彼輩以搗亂訾人，而已能守冷静之態度，猶可言也。乃一面稱尊重法庭，一面又以命令通電，强爲辯護；一禁軍人干預政治，一面又縱容家將，肆口污衊政黨。搗亂之罪，究誰歸耶？諺曰：『祇許州官放火，不許百姓點燈。』赫赫袁家將，豈僅州官比者，雖放遍野火，余何言哉！

悼徐軍長

民國二年五月廿六日《民立報》

於政争劇烈、謡諑紛騰之際，而又有徐寶山軍長被刺之事。此非特徐軍長之不幸，抑亦我國民之不幸也。徐軍長以椎埋之雄，力自振拔，義師復漢，首先翊贊，雖無赫赫之功，而坐鎮江淮，善馭其衆，維持之力，固非淺鮮。最近政潮，人或疑其有他，然張、雷跋扈，越分言政，徐軍長獨不贊一詞，則傳聞之辭或未可信。當此蓋棺論定之際，吾人固惟表悼惜之意而已。

暗殺賊人道，其風不可長。謡言亂人心，其禍尤不可不防。嚴緝真凶，毋肆揣測，斯則國民之責也。

兗州豈南北之鴻溝

民國二年五月廿七日《民立報》

南北非兩國，而日言調和，而日慮決裂。吾始以爲奇，以爲求南北之分界而不可得也，而今乃知之，則袁家將之意，殆以兗州爲南北之鴻溝。

藉曰非是，兗州居津浦鐵道中心，南北往來，無彼疆爾界之别，何所爲而以重軍盤查？即云稽詰奸宄，車站内外，自有警察行其職務，何勞軍士越俎代謀？今如張勳部卒之所爲，小言之爲騷擾行旅，大言之直是破壞統一。循是不改，則釀成南北恐慌之罪，有所歸矣。

司法界之妙用

民國二年五月廿八日《民立報》

京廳轉達趙、程答辯書，除將原文叙述外，首尾幾不着一字，全然是留聲機器的作用。司法部電囑滬檢察廳報告宋案情形，於趙秉鈞、程經世、洪述祖三人，全然忘懷，幾若審廳審理此案，除應變丞外無餘事。

檢察廳覆司法部電，雖催提洪述祖，而於趙、程二犯，僅以『答辯已到廳』五字，輕輕叙過，雖未公然承認趙、程答辯之有效，而催傳手續，駁斥文告，似已一概無用。

裝聾作啞，騙人弄鬼，司法界之妙用無窮。吾知趙秉鈞、程經世、洪述祖聞法庭解決之説而仰天大笑不止也。

尚有以蒼生爲念者乎

民國二年五月廿九日《民立報》

今人或以調和爲惡，謂今日調和，明日復衝突，調和無已，衝突亦無已，國事即無法進行。調和固惡德哉，然後有衝突，衝突者之罪，非調和者之罪，政府能自信不違法，何所畏而靳人之調和。國力至此，民生至此，政府尚不以調和爲然，然則必塗炭生靈而後快耶。政府違法，殃及蒼生，長跪涕泣求救，一字一泪。岑春煊氏之言，我國民其共聞之矣。

整理政費

民國二年五月卅日《民立報》

日本今日財政，雖非充裕，却遠勝我十倍，徒以休養民力之故，不得不節約行政費，五月廿一日之閣議，決減二千二百餘萬元。立憲國之行政，不當如此哉。

返而觀之吾國，大借款二千五百萬磅，僅足支持六月。而總統府一年之所費，或且不止二千五百萬元！買議員、設機關報，興高采烈，日日愁無錢，日日把錢濫用。整理行政費，不但無此事，亦且未聞此言。好在總統問題，拿得穩，把得牢，大借款以後，還好有大大借款，國民説我違法，我説他是搗亂。整理政費，真夢囈耳。嗚呼！觀於此而吾乃益思日本人之傾倒桂内閣矣。

事實歟？謡言歟？

民國二年六月一日《民立報》

贛督進兵武穴，本無其事，而傾陷者必一再造謡。昨《時事新報》時評，又據武穴商民及黎副總統電文，指爲事實。然查該報所載原電，一則曰：『贛派步炮兵約二千餘駐扎瑞昌碼頭一帶，鄂遣北軍一連駐武穴。』再則曰：『贛兵分扎贛屬碼頭一帶，武穴鄂遣北軍一連。』田鎮兩團，一是至武穴者實爲北軍，若贛軍則固明明未越贛屬一步也。作僞心勞日拙，乃并此極明顯之電文，而不能解釋，休矣《時事新報》！

武穴既未進兵，則該報所陳，全屬無的放矢。至贛軍維持内地情形，及派兵瑞昌之理由，昨報所載李督、歐陽師長兩電，言之甚明。事實如何，想國人自能辨别之也。

軍人干政痛言

民國二年六月二日《民立報》

禁軍人干預政治者，現政府之令也；導軍人干預政治者，現政府之意也。而軍人亦自忘其天職，甘爲私人爪牙，乃不從命而從意，於朝發一電醜詆民黨，夕發一電痛論時政，若宋案，若借款。軍人大放厥辭，政府皆故作痴聾，至制定憲法選舉總統之際，軍人氣焰，不知更到何種地步。吾儕小人，可自此緘口結舌矣。

軍人以服從爲天職，今之干預政治，彼自有所受之，則且曉然自以爲得計。庸詎知軍人之當服從者，爲正當之命令，而必非個人之私意乎？以個人之利害，破壞全國軍界之法紀，其害不可勝言。參議員質問無效，我國民又何以處之？

忠告進步黨人

民國二年六月三日《民立報》

昨日本埠《時報》，有此標題之時評一則，以進步黨派之報紙，而自忠告其黨人，其能洞見癥結，而爲該黨之藥石無疑。記者今先紹介其言如左：

今之進步黨，日與政府接近，此亦無可諱言者。然不能以抵制敵黨之故，而謂政府舉措，事事咸合於理。口言防止官僚腐敗之毒，而官僚腐敗之毒乃愈盛，以進步爲名，而實行其守舊，則吾民不如不革命也。

痛哉斯言，何其深切而著明耶！即如大借款案，段祺瑞既自認手續有誤，而進步黨偏極力袒護，以爲政府不違法。雖國民黨一再聲明，并不反對借款，又派員協商，謂改組政府後必當追認借款，而進步黨終不悟，是真以抵制敵黨之故，而以政府違法之舉措爲合理也！是真懼官僚腐敗之毒之不盛，而從而增益之也！是非特不進步，抑且不守舊，而吾民真不如不革命也。吾愛進步黨，吾願進步黨勿終爲政府所愚矣。

法庭以假面目向人

民國二年六月四日《民立報》

趙秉鈞答辯書，於五月二十四日達滬，至五月三十一日公判，而檢廳對其答辯書猶未有一字之駁斥。此七日中，不知所爲何事。

五月三十一日公判，經原告代訴人抗告，檢廳又越二日，至六月二日而始催傳，而催傳之電仍未將其答辯書駁斥。表面上雖極嚴正，實際上似爲趙、程留二次答辯之餘地。

趙秉鈞抗不到案，實藉口於刑訴律三百零三條，果刑訴律無效，則其答辯之根據全失，而抗傳之罪無可逃。今刑訴律之不能適用，蔡光輝自稱早知之，又經原告律師，據司法部來電，一再聲明，何以始終不據此駁斥，而僅僅以案情爲言，豈懾於赫赫總理之威嚴，而不敢有所駁斥乎？抑言案情則空洞無據，可容趙、程更爲狡展乎？吾不欲以小人之心度人，然敢問蔡光輝何以明知刑訴律無效，而始終於此不置一詞也？一星期之限，欺人語耳，法庭以假面目向人，而司法尊嚴掃地盡矣。

栽誣政策之心勞日拙

民國二年六月五日《民立報》

周予儆何人？據進步黨報紙所載，則陸軍部司員周予覺之女弟，而予覺、予儆二人，又皆於南北統一以後，始加入同盟會者也。果爾，則予覺之與政府接近甚易，而予儆亦非有革命黨之資格可知。

炸彈隊何事，而以委之非革命黨之予儆？即委之予儆，而繕具書面之命令奚爲？即繕具命令，而既有血光團之組織，由團長委任足矣，又何爲而重勞黃克强？嗚呼！以是種種，栽誣政策之心勞日拙可見矣。

提倡德育之先決問題

民國二年六月六日《民立報》

政府欲提倡德育，不當僅於學校中求之。若如今日之收買議員，廣布徒黨，利用造謡報紙，使志行痛弱者，咸嘆羡於金錢之萬能，而趨之若鶩；又復濫施爵賞，無復有稱事計攻之思製造黴菌，若恐不及。彼莘莘之學子，即於學校内有完全之德育，亦何術以拒此蔓延社會之黴菌也？

爲政在實行，不在多言。政府能崇尚廉耻，謹守法度，自足爲青年樹立模範。若欲以一紙虚文之命令，收整齊嚴肅之效，則前清之季，吾且見煌煌上諭，高懸於横舍之中，印録於文憑之上，而實際豈有絲毫之效力乎？嗚呼！今之政府，事事步趨亡清，吾民誠不如不革命也。

監督用途

民國二年六月七日《民立報》

鄉願論事，多鶩高遠，不中事實。如言大借款者，謂毋庸反對政府違法，衹須監督政府用途是也。夫用途誠當監督，然違法事實之最顯著如此次大借款者，尚一任其牽扯搗亂，而無可如何，則政府此後豈復以立法機關爲意？議員自監督，彼自濫借濫用而已。

且反對政府違法者，亦何嘗不以監督用途爲念。國民黨議員發布書，其斤斤於此，固較論者爲尤甚也。然必以反對違法爲前提者，非此則不能達其監督之目的也。哀我國民，更毋以莠言擾其後矣。

對於大借款案之希望

民國二年六月八日《民立報》

自大借款案發生，議會搗亂者月餘，全國人心，爲之悲憤。然至前日而參議院竟將查照備案咨文議決退還。雖耗時已多，然猶見公理未泯，某黨搗亂之伎倆，無可復施，此足使吾人於失望之餘，復生無窮之希望者也。

記者所希望者：第一，政府當尊重議院議決案，一面將合同補咨議院，求其追認，一面當深自引咎，以總辭職謝罪於國民；第二，衆議院當與參議院同時進行，尊重前此表决之議案，勿再任意搗亂；第三，言論家勿再爲一二人利用，因借款之無可反對，而并抹煞政府違法之事實。須知國民黨已再三聲明，對於借款，無不力予維持，俾底於成，則反對政府違法，固於借款無妨也。

罔民者，民當弃之

民國二年六月九日《民立報》

京津之間，食偵探飯者不下千人，其人皆游手好閑之徒，覬覦厚賞，妄事羅織，捕風捉影，因以爲利。惡風所被，乃至國光新聞之工人，亦復昧良妄告。惡政府之能導人爲惡如此！

然崔文元竟爲政府所殺。夫殺之，是也，然而政府殺之，則其心必不服。彼固承政府之意而來者也，凌鉞之車夫，周予覺之女弟，政府方百計引誘以使其誣人，殺一崔文元，寧能掩天下耳目耶？使民無恒產，陷於罪而刑之，猶爲罔民。今之政府，豈僅不養民教民而已，奬民爲惡以使之擾民，至擾民之罪無可逃，乃又殺民以自掩其惡，此其罔民至於何地。罔民之人，國民當共弃之矣。

公道

民國二年六月十日《民立報》

國民罵議員，議員百喙莫解。開會兩月，羌無成績，其負國民本太甚也。然負國民者果議員全體乎？抑僅其一部分乎？

據《字林報》昨日京電，則明言國會不能進行，於國民黨議員無與。旁觀者清，國民黨與外人何德，外人爲公道説幾句話耳。今試問逃席抵制，屬於何黨？屢撤代表使協商無從進行，又屬何黨？此皆事實之最顯著者，姑舉一二以俟國人公判。

抑記者尤有爲國民告者，則記者於此，亦僅欲公道之大著於人心，而非斤斤爲國黨議員辨白也。天下必有真正之是非，而後有正當之監督，世之論者，其亦知所從事矣。

國民亦昏聵否

民二年六月十一日《民立報》

陸軍部綜理全國軍政，而於呈咨有案之軍事尚不能按圖索驥，前清大僚似猶無此昏聵。吾向謂段祺瑞無政治經驗，今乃知其并無軍事知識也。

用款不正當，政府百喙莫辯。即如裁減軍隊一項，政府所藉詞以支用巨款者，試問陸軍部果能作一明確之概算書否？耗國民之膏血以媚茲一人，其昏聵固宜獨怪政府。如此，國民猶始終容忍，雖有一岑西林氏説幾句公益話，而爲之後盾者猶鮮，則國民之昏聵殆更甚矣。

大勢所趨

民二年六月十二日《民立報》

狡兔死，走狗烹。專制帝王之待其臣下，果大勢無復有需才之必要，則不惜以功臣爲犧牲。何也？彼固視臣如犬马草芥也。若夫政黨之對於黨魁，則必擇其黨中之最有才德資望足以指揮黨衆者而推戴之，固萬無因時勢而犧牲之之理由也。

不謂黎元洪爲共和黨理事長，而共和黨員乃曰：『大势所趨，是否有需黎之必要？』此大势，何势也？非黑幕中有奉戴之一人，而黎遂退處於無用耶？今進步黨又推黎爲長，則亦以此黑幕中之一人尚不欲明爲政黨魁率，而後仍以黎爲傀儡也。嗚呼！噫嘻！大勢所趨，豈特一黨魁，黎元洪之鄂督、贛督皆此類耳；又豈特一黎元洪，全國人才、一部《約法》皆此類耳。嗚呼！

釋疑

民二年六月十三日《民立報》

宋案證據關係於洪述祖者，據政府答復議員質問，明言五月六日送交德館，十日准德使節略以轉達。膠督是宋案證據，到膠已將一月，而引渡消息杳無所聞，又未聞有若何之嚴重交涉。此非政府有意擁護洪犯，斷不至此。而昨日《時事新報》時評乃曰：『證據未到，膠督未允。』嗚呼！該報記者殆以國民爲皆無耳目乎？

京廳傳黃本爲抵制宋案，該報於此即以黃、洪相提并論，是真能揣摩政府心理者。然而心勞日拙，因此而政府誣栽之用意益爲國民人人所共喻。該報自稱釋疑，洵乎其釋疑也，記者敬爲國民道謝矣。

司法痛言

民二年六月十四日《民立報》

上海檢察廳催傳趙秉鈞，未將其答辨書駁復，亦未聲明刑訟律之早經廢止。記者早抉其隱微，謂爲趙留二次答辨之餘地（見本月四日大陸春秋）。果也，趙復京師地方檢察廳函仍靦然以刑訟律爲藉口。吾知京廳亦仍爲留聲機器之作用，决不有一字之駁斥也。一星期之限期早過，趙秉鈞之到案無期，延宕復延宕，而蔡光輝等乃如願以償矣。

所貴乎司法獨立者，爲有不撓不屈之精神而不爲行政機關所左右也。若今之法官，則且視行政最高權之所在，而先意承志以博其欢心，惟對於人民之監督則曰：『司法獨立，非他人所得過問。』嗚呼！天下至美之名詞今皆爲小人所利用矣，吾於蔡光輝又奚責焉。

自有權衡

民二年六月十六日《民立報》

袁氏罔顧民意，濫用《約法》任免之權。贛督免官未久，而四川、吉林、廣東諸都督又紛紛調動。兹揭其最荒謬之点爲國民言之。

川邊底定，藏事主和，經略使於名不正，於事尤無可爲，尹昌衡出師連捷，而無故奪其川督，何以勵衆？胡景伊濫用威權，川人疾首，妄殺朱山，視李烈鈞逮捕羅朗山後仍交法院審理，旋即釋放者，果孰爲違法，而孰爲守法？乃一則真除，一則被撤，袁政府自有權衡，洵非國民所能窺測矣。

陳昭常去吉，不可謂非吉人之幸。然張錫鑾果有以愈於陳昭常乎？蒙氛日惡，邊事正亟難，林軍政是否可以遥領張錫鑾？近借日債，既由財政部駁斥仍悍然簽字，使在南方各督御用報又將囂囂然指爲反抗中央，而以奉天王目之矣。然張錫鑾獨受信任如此，諸公思之奇乎不奇？

西藏宣撫使是否有任胡漢民之必要，天下人當共見之。欲使胡督去粤，無詞可藉，不得不作此周折耳。宋案借款，孰使胡主持公論者，怨毒之於人甚矣。以贓私纍纍迭被吉人控訴之陳昭常長粤民政，則惟恐粤人義憤之無由奮發，而特以是激起之也。手段之中又有手段，我於此不得不佩服袁世凱矣。

嗚呼，今天下已無真是非矣！如尹昌衡者，人且以『前清尹督』目之（見昨日《時事新報》專電），充其指鹿爲馬之技，何事不可爲惡政府辨護者？記者曉曉徒詞費耳噫！

告媚兹一人者

民二年六月十七日《民立報》

做官之易無有若今日者，但能奉承意旨，豢養一二無賴文人代擬數通長電痛駡民黨，則權位自鞏如泰山。雖人民疾首、省會糾舉皆無足慮，即不幸萬難立足，亦可以失之東隅者收之桑榆。胡景伊之真除、陳昭常之調粤，皆其明證也。

媚兹衆庶豈爲難事？但非事事憑良心做去不可，則誠不如諸公之媚兹一人爲直截了當矣。人多駡胡、李，我亦笑胡、李拙也。雖然一摘再摘，瓜蔓且盡，至民黨盡仆、一人得志時，諸公又從何處討好？趙、孟所貴者，趙、孟能賤之。深願媚兹一人者預計及此也。

説短期内閣

民二年六月十八日《民立報》

『短期内閣』之名詞本極可异，故自提議以後，贊成、反對紛無定説。余則以爲，内閣問題祇當問今日是否有改组之必要，不可問改组以後此新内閣能存在若干日也。

内閣何以須改组？必此内閣之政策不爲國民所信任，或此内閣已自失其能力，更無術以運用其政策也。二者有一於此，則此内閣無更復靦顔存在之理。今趙秉鈞内閣殆兼二者而有之矣。國民果認改組爲必要，則當首促現内閣之倒，而後再議組織新内閣之法。内閣更迭在立憲國爲恒事，新内閣得人心，則臨時期間雖短，正式政府儘可求舊，新内閣而猶我大夫，則本無久存之理。嘵嘵於短期與否，甚無謂也。

商人之公敵

民二年六月十九日《民立報》

商會聯合會之膽力未必如岑西林，而直斥財政部爲公敵，其痛快淋漓，視岑之電斥陸軍部昏瞶似猶過之。不平則鳴，吾知其有激而然也。

既知財政部爲公敵，則當謀所以掊擊此公敵者，尤當推究此公敵之何所憑藉，而同時謀所以廓清之者。今握財政權者何人？非總統府秘書長梁士詒耶？人目爲四凶之魁，袁倚爲蕭曹之選。公敵所在，豈僅一財政部？吾願爲商會聯合會進一解也。

抑該會電文有『大總統改革政體』一語，此尤大談推翻專制、締造共和，全國國民群力所構成，非總統所得而私也。今日公敵之所以猖獗，正由吾商民心理多以君主視總統。此尤望吾商民之急自矯正者矣。

戕賊人才

民二年六月二十一日《民立報》

余謂惡政府之大罪，以戕賊人才爲第一，而濫耗國帑、喪失國權猶其次焉者也。國家以人才爲元氣，人才消耗，雖强國猶立敗，矧凋瘵如我國者耶？

今日人才本少，而政府又不知愛護。非特不知保護，且從而摧残之焉。廣斥金钱收買政客，浸使全國風尚營逐勢利，無復知礼義廉耻爲何物。一二氣節之士，如岑、章诸公乃不得不引身而退。此於無形中戕賊全國人才已不知凡幾。矧其有形之忌嫉賊殺，若宋教仁之被刺、蒋方震之憤而自裁，推厥真因，豈非惡政府實使之耶？

全國政治人才無論賢愚皆首推宋君，若蒋君者則亦軍学界之泰斗也。宋、蒋之死，國民所損失者何限？惡政府戕賊人才之罪可勝誅乎？

東方拿破侖

民二年六月廿二日《民立報》

袁世凱自稱『不爲拿破侖』，此語記者最信之。拿翁爲人光明磊落，武功文德彪炳一時，雖騖虚榮、尚功利，爲德不卒，帝制自娱，而終不失其英雄態度。此必非袁氏之專用暗昧手段，與夫任職年餘，始終不敢向逆庫出一卒者所能比擬於萬一也。

乃《平報》忽稱袁爲東方拿破侖（参观今日译電），彼爲此言固有所受，然此種驚人之語豈足恫嚇國民者？以拿破侖之真英雄，違逆世界潮流猶不免於敗，矧奸而不雄之袁世凱耶？且幾見拿破侖爲帝後爲其左右作傀儡者？吾東方即無人，何至以袁污拿翁？價值休矣，《平報》毋令西方雄鬼笑我也。

好男兒不當如此耶

民二年六月廿三日《民立報》

於舉世沉醉之中，得一二大好男兒支撑宇宙，挹其言行真有頑廉懦立之風，吾先祖之遺澤其猶未斬乎。『主持公理而死，勝於違反公理而生』，岑雲階能爲此言，我不得不以大仁大勇許之也。人孰不有死，無公理則人道滅絶，而相率以淪於禽獸，然而世之違反公理以求其功名富貴者且比比也。今日之事，人謂『南北之争』，我謂『人道與獸道之戰』。人人能有主持公理而死之决心，則公理不死，國民不死，即我身雖死而亦不死。

蔣方震之求死，好男兒不欲虛生之好模範也。顧其言，尤有見道者：『軍事非有至善之目的必不能成功，以彼善於此之言聊以自慰，則軍事永無振興之日。』嗚呼！豈獨軍事然哉？國事亦視此矣！無至善之目的，而敷衍遷就、淺嘗輒止者，德之賊也。

岑君不惜死，蔣君且求死，二君皆欲以死救國民者也。我祝岑、蔣二君之不死，我尤祝我國民之不虛生。

政府亦言理財乎

民二年六月廿四日《民立報》

裁兵節餉蓋聞於一年以前，此一年中之成績如何，國民皆能見之。南減北增，人言嘖嘖。他姑勿論，即如張勳部卒，當其至魯時，原有若干，今共增加若干，事實甚明，無容諱飾。且張軍駐兖，是否地方治安非張無以維持，抑僅爲扼守南北要衝、搜查國民黨頭目起見，明眼人亦自能辨别也。政府而果有節餉之诚意，我欲觀其今後之處置矣。

抑正人必先正己。今言裁減行政經費，制定預算，僅及各部各省而不及總統府，豈猶襲『惟王不會』之僞經訓耶？岑雲階電袁謂一年之中支出不過鈞府國院兩種，宋案之中應夔丞領薪直接總統府，且聞總統虧（共）[空]達二千萬，果皆絲毫無濫否耶？『整理國家經濟等於個人切要之圖』，夫今日個人切要之圖，又孰有如總統之果能當選否哉？

何以立國

民二年六月廿五日《民立報》

蒙事日急，由於庫匪南犯，我無可用之兵，非僅由俄使堅執我無可改之約也。論者或謂俄約解決，庫倫獨立即取銷，蒙事亦即無慮。不知取銷獨立僅屬虛文，匪徒僴擾乃爲實禍。試問，我許外蒙自治，即能保蒙匪之不再擾我耶？

袁氏非以知兵稱耶？何爲而無可用之兵？據《字林西報》京電（見昨報譯電），第一鎮兵多私逃，第三鎮兵不奉命，軍隊司令彼此不和，文武職官意見尤异。嗚呼！北軍非皆袁舊部耶？何爲而至此？豈袁氏之兵固不爲捍衛國家用歟？吾非忍引外人之言重暴吾國之醜，特恐循是以往，匪特亡蒙，豢兵而無一兵可用，國何與立？此不能不爲國民涕泣道之者也。

裁兵節餉之裏面

民二年六月廿六日《民立報》

今日國民之最當注意而不可不嚴重行使其監督權者，厥惟政府裁兵節餉之計劃。無論南減北增，其所謂裁兵者，固未嘗有一毫之誠意。且怨狗偷鼠竊，其所謂節餉者更以便其掠奪之私圖也。

收買議員，資助私黨，多設機關報紙，廣布偵探，人才其消耗已不知凡幾。而况選舉總統在即，競爭運動尤非巨額之金錢不可乎？目前之挪移雖便，而事後之融銷實難，經常政費即可侵蝕，終苦有限。窮思極想，則裁兵問題實袁政府生財之妙術，祇須謊報十師、二十師，其解散費已逾千萬矣。有吞餉之實而博節餉之名，設計之巧寧有逾此？記者本不欲爲此逆億之談，特以惡政府不誠不信又濫用民財，其結果似必出於此。故揭而出之以爲國民告，并欲覘我國民之果能行使其監督權否也。

提倡儉德

民二年六月廿七日《民立報》

『提倡節儉，獎勵儲蓄』，非可以空言致也，蓋必有躬行實踐之道德，與夫循序漸進之政策，而後可達其願望也。今政府用財之奢儉姑置不論，但以總統府言之，豢養顧問，贅設機關，又於臨時政府將終之際移居南海，已實不愛恤民財，而責民之自愛恤其財，雖條教剴切，庸有濟乎？

且果欲提倡儉德，尤必盡除政治之積穢，而後可大抵賄賂公行之世。得之不以其道，即用之亦不以其方。亡清之季，苞苴競進，而民德日趨於奢侈。今國會初開，傳聞有以重金買議員者，而八大胡同之熱鬧即更甚於前政府。果欲爲國民愛惜金錢，請勿先以金錢作惡可也。

祀孔與尊孔不同

民二年六月廿八日《民立報》

祀孔與尊孔不同。尊孔者，學術之事；祀孔者，宗教之事。如袁令所謂『孔學博大，與世推移』，及其所闡明之種種學説，皆僅足於學術上證明孔子之堪爲師表，并未能於宗教上説明孔子之當爲國教也。孔子本非宗教家，即令祀孔問題以國家之强制力使人民執行，而學校釋奠終屬虛文，謂能收全國信仰之效力仍欺人語耳。前清之季亦命各學校祀孔矣，於實際何所裨益？古人謂『爲政在實行，不在多言』，記者亦謂『尊孔在闡明國學，不在徒襲宗教儀式也』。

明乎此，則知祀孔典禮欲以國家之强力制定之者，實爲庸人自擾之政策（私人自由擬定不在此例）。至於徵集國民意見，而由内務部通電各省，及總統命令，先以意爲軒輊，其事尤爲非法，請俟更端言之。

真正民意之表示

民二年六月廿九日《民立報》

祀孔非所以尊孔，此義吾既言之。惟政府於此事尚托於尊重民意之名，徵集國民祀孔意見。使其徵集者而果爲真正之民意，則吾亦奚用曉曉者？特由今之道，内務部固未知真正民意爲何物，且對此上諭口吻之命令真正民意亦必無從表示也。

共和國當尊重民意，然民意必有其表示之機關。機關維何？國會或地方議會是已。今不正式諮詢議會或令人民提出請願書於議會，而獨由内務部通電各省，豈猶如前清時代，偶有大政輒通電各省督撫司道諮詢其意見乎？尹昌衡雖爲川督，然對於本問題所發表之意見則衹能認爲四萬萬國民之一耳，謂都督之意見即可代表國民之意見，此吾人所謂萬萬不能認可者。

且既云各省尚未覆齊，則何以能知主張祀孔者之必爲多數，而預爲懸擬其辦法乎？又既云當任人民自由信仰，何以遽指倡廢祀者爲淺妄者流，而以『悍然』等詞斥之乎？然則所云徵集意見者實爲欺人之談，而言莫予違之，概早已拒人於千里之外矣。吾惡政府之陽托民意，陰便私圖，故爲之糾正如此，非專爲祀孔問題發也。

亂鄂

民二年六月卅日《民立報》

一年以來，武漢間殺人多矣！衹須『亂黨』二字，便可任意屠戮，一刀殺却，投尸大江，何等爽快乾净！今僅一日殺四十餘人，而論者訾其殘忍，謂『恐殺機日熾，仇讎愈深』（見《新聞報》新評）。甚矣，子之迂也！

湖北殺人向不依據供證，此四十餘人者匪特罪狀不可知，即其姓名亦不可辨。民命之賤，誠螻蟻之不若矣。

《震旦》《民國》兩報同被摧殘，雖窮搜大索之餘未得絲毫證物，而停版終不可免（參觀前昨本報）。淫威所逞，更何公理可言！此四十餘人之罪狀，殆與《震旦》《民國》兩報同耳，報館無罪仍須勒停，人民無罪亦何不可慘殺哉？

吾憶黎宋卿辭并領贛督之電有曰：『不敢再以亂鄂者亂贛！』嗟乎！黎豈真有亂鄂之志歟？何其所爲之一至於此也？

減政主義

民二年七月一日《民立報》

減政主義，吾人所極端贊成。開源既難，節流自不可緩也。至其入手之方，以吾人所見，厥有三事：第一，當先擇其最足擾民者裁汰之，如軍政執政處等；第二，當盡去侵權贅設之機關，如總統府内之軍事處及財政委員會等；第三，凡以命令擅自增設之官，均宜分別暫行廢止，或待國會議決，如各道觀察使等，或竟永廢置不設，如鎮撫使、護軍使、宣慰使等。總之，減政主義必求其平允公普，而後人無怨言，事無叢脞也。

前清之季，何嘗不言裁汰冗官？卒之裁汰者一，而增設者十。今之總統府、國務院在坑滿坑、在谷滿谷者幾曾爲法律上所容許？用人者能守法足矣已，不守法而厚於責人，則無惑乎農林諸部員之紛紛反對也。

議員之覺悟

民二年七月二日《民立報》

剥極必復，今日其有復之機乎？憲法起草委員已由兩院舉定，彈劾政府議案漸得兩黨同意。謀根本之建設，洗政治之積穢，時乎？時乎，不再來矣！

人以猪羊污議員，然議員果不自變其節操，雖有一二敗類不足爲全體辱也。制定良好憲法，推倒惡劣政府，其責任皆在議員。議員能發其天良勿再搗亂，使憲法早日草成，政府早日改組，國民之所受多矣。袁世凱罷免柏督，又以詭秘之態度出之陝甘，何地乃來籌邊使之奇官。吾人對於現政府固已完全絶望，則惟在議員之不甘爲猪羊，毋再與此獸道之政府爲緣而已。

平民黨

民二年七月三日《民立報》

以平民名黨，而所舉者盡赫赫有名之官僚，且哀然居理事之首者，爲軍政執法處長陸建章與陸軍總長段祺瑞。自今以往，吾知陸、段諸人卒其部卒加入政争，勝算可操，而無慮清議之掊擊。蓋彼等參預政治乃以平民黨黨員之資格而來，雖身爲軍人，無復干政之嫌；至軍人不得入黨云云，則彼一時此一時，選舉總統之期將屆，萬無膠柱固執之理也。

此種滑稽政黨出現，真中華民國之特色。或曰：『今之總統實改良皇帝之別稱。』則所謂平民黨者，其亦真正特別改良之官僚派乎？嗚呼！

平民黨與進步黨

民二年七月四日《民立報》

平民黨之成立，政府不信任進步黨之證也。進步黨擁護政府，自袒庇大借款以後，其態度極爲明瞭，匪特人以御用黨目之，即進步黨亦隱以政府黨自居也。以常理論之，政府宜與進步黨聯爲一體，何以蒼頭异軍特起，而更以平民黨聞？

嗚呼，噫嘻，我知之矣！袁系自袁，政黨自政黨，絶非可以强合者也。袁系亦利用政黨，而無時不思破壞政黨。彼知政黨之可以利用，而既爲政黨之組織，則終非袁系所心許，且恐進步黨之勢力雄厚，則今日之惟我操縱者，异時或有尾大不掉之虞。袁系於此苦心焦思，以爲求助於人曷若己之自助，黎元洪、湯化龍、梁啓超終不如趙秉鈞（在黑幕中主持此黨）、段祺瑞、陸建章之可恃也。正式機關既成（本《時事新報》專電中語），而進步黨爲芻狗之日不遠矣。

假政黨之名以破壞政黨，平民黨固政黨之罪人。然使政黨因而覺悟，勿求生存於少數人鼻息而自謀所以生存，與友黨共爲和平政争之生涯，則平民黨之功又非小矣。

彈劾案之前途

民二年七月五日《民立報》

行内閣制之國，閣員負連帶責任，而對於違法失職之案，議員僅糾劾其一部，於理論上既嫌其不合，且如趙秉鈞、周學熙者，即微議員彈劾，彼亦不得不奉身而去。一被檢廳傳票，一得借款回扣，方皆以青島爲樂郊，而議員乃以全力彈劾之，於事實上亦未免可笑也。

以現政府之卑劣，權利爲重，名譽爲輕。趙、周本已曠職，即彈劾案成立，彼亦何所畏懼？一趙、周去而有無數之趙、周繼之也，且彼固正願犧牲趙、周以遂其避重就輕之希望也。今提出彈劾者四起，雖未知最後之表決屬於何派，然使彈劾趙、周案竟得通過，則政治上之陰霾恐仍無撥開之一日耳。吾望各議員審思之。

糊塗帳不可不查

民二年七月六日《民立報》

彈劾案提出，哄動全國視聽，初四日之衆議院旁聽席幾無隙地。吾知一般閲報者亦争欲知彈劾案之究竟也，顧吾以爲初四日議程中有視彈劾案更重要者，則審查預算委員會之報告是已。

據該會意見，此預算案當退還，一面請政府趕造民國决算清册交院議決，一面請將來年度全國預算從速提交院議。夫今日政府之大罪，其一爲用人之顛倒，其一爲用錢之弊混。而吾民之當監督者，用錢視用人爲尤重，蓋正以政府有暗昧之錢可用，而後宵小輩樂得窟穴其中也。

趙秉鈞仆，袁袋中猶有一徐世昌。若民國决算清册，則袁府一本糊塗帳，何從來此材料？國民幸注意及之，勿使之蒙混到底也。

説進步黨之彈劾案

民二年七月七日《民立報》

或問：『進步黨以擁護政府稱，而今亦彈劾政府，何也？』余曰：『此正進步黨之狡也。』處今日之勢，進步黨爲自身謀，爲政府代謀，均不得不有彈劾案也。然必主一部而不主全體，此其所以爲狡也。何言之？現政府之失政，無論何人不能爲之强辯。而改組問題又相持莫决，人民厭惡之聲積久彌高。國民黨提出彈劾案，勢將爲全國所歡迎。進步黨阻之不能，讓之不欲，則惟於强作效顰之際隱持异同，一方面無負政府，一方面即有以搪塞國民。故進步黨爲自身謀，不得不提出彈劾案者，此也。

政府亦自知彈劾之無可幸免，而又深慮私黨之同時盡仆，則亦惟避重就輕，去一二無可愛惜之人以保全其餘子之禄位。趙、周二人事實上已不能回任，即微彈劾亦當從新改造，以之當彈劾之鋒而稍息國民之怒，計固甚得。故進步黨爲政府代謀，亦不得不提出彈劾者，此也。

或曰：『進步黨之提出彈劾，殆亦迫於良知之要求。其主張彈劾一部，則事實上或有所不得已，而因其良知而擴充之，最後五分鐘或能贊同吾黨之主張，子何以小人之心度之也？』余曰：『果如子言，余寧敢避失言之議，然而……』

果誰存南北之見者（一）

民二年七月八日《民立報》

北兵調滬，今已見於事實。政府此策出於何旨，抑滬地奚必以北兵爲防衛，皆國民所當注意者也。某報謂國民猶是一統，無南北可言，用之於此或用之於彼，均爲應盡職務。其辨護不爲不巧，然遠道徵調必有不獲已之原因，非有所不慊於此，何苦使彼中人僕僕道途？今以製造局論，六十一團等禦變之功既荷，政府奬許其防衛之力蓋綽有餘裕，而猶必增調北兵，謂非政府意中强爲畛域，有一南北之見存，其孰信之？政府自分南北而責吾商民以謬解，冤哉，吾商民也！

同爲民國軍隊，於彼於此本無不可。顧吾聞政府嘗苦南方兵多，兵多宜汰，奈何更以北兵增益之？宜令即日調回，并酌南省各軍赴北，想論者亦必贊同此説也。

果誰存南北之見者（其二）

民二年七月十日《民立報》

其報謂『北兵南來』，此語當用於前明末葉滿清入關時代。記者亦謂『北兵南來』，此事惟當見於前明末葉滿清入關時代也。至『北兵』一名詞，微論人言嘖嘖，群指斥來滬者爲北兵，即該報前日新聞亦何嘗不大書特書標題爲『北兵來滬之詳情』乎？翻手爲雲，覆手雨至，昨日報端乃并『北兵』之名詞而諱之，該報誠『袁家報』之杰出者矣。

北軍既已來滬，記者亦甚盼其與民相安，并深冀滬上可以無事。但窮究派遣此北軍者之心理，則有不能已於誅伐者。猶憶程都督覆章行嚴電有云『奉大總統電覆派兵南來，政府不但無此事，并且無此心』，今居然派兵南來矣！民無信不立，今務兵而去，信口稱尊孔者，顧如是耶？即此一端何以對我國民？記者於此爲民國慎履霜堅冰之漸，非僅與某報作筆戰也。

彈劾聲中之猪羊

民二年七月九日《民立報》

衆議院開議彈劾案時，又有議員四十餘人逃席。此四十餘議員無論何黨，皆不能有此敗類。因各黨之彈劾案雖不同，而其主張彈劾則一，即令先黨而後國，亦當於討論以後肆其黨同伐异之論鋒，不得於開議以前即以消極抵制，使之完全不能成立也。

傳聞彈劾案提出以後，袁氏即專撥巨款對付《新聞報》，且有五十萬代價之説，此四十餘議員殆又爲五十萬賣去之猪羊矣。嗚呼！以驚天動地之彈劾案，四黨均各本其黨議提出，而諸君不惜賣黨賣國，使最尊重之彈劾權劈頭即留此污點。忍哉！忍哉！不知吾政黨、吾國民甘與此猪羊同群否也？

不挣氣！嗚呼，袁家將

民二年七月十一日《民立報》

袁家將中最不挣氣者爲張鎮芳。張之罪惡迭見議員質問書，然如蹂躪議會、封閉報館、任用污吏等事，袁家將之出任封疆者當然有此，無足置論。所可爲袁氏傷心者，則袁家將以知兵自詡，而張鎮芳又以袁葭莩之親，治袁桑梓之地，乃至喪師失地困於白狼，令天下笑。袁家健兒匪特禦外不足，并防内亦不濟事也。

然吾又爲張鎮芳呼冤。張之督豫以親不以賢，其在袁家將中本無知兵名，其失敗何足輕重？然豫省之有治兵剿匪責者，不更有護軍使雷（鎮）[震]春與督辦倪嗣冲耶？雷、倪皆袁門虎將，麇集於豫，而豫匪反視他省猖獗，則真不挣氣之尤者矣。或曰：『倪嗣冲防皖，雷震春領銜罵國民黨，其勛業已無倫比。若爲豫人保治安，則區區小事寧足挂齒。』嗚呼！

威信

民二年七月十二日《民立報》

今之中央好言威信，而究其行事，則衹知有威而不知有信者也。無信之威，何以自立？

『民無信不立』，信之爲義，淺言之則政府有夙諾於人民，斷無自行蔑弃之理；深言之則政府之用人行政，在在皆當有一定之準繩。舉賢錯枉而後勸懲始立，故必有信而後有威，而今之政府則异是。

北兵南下，在上海方面，對於袁氏前覆程督之電，吾人既痛其信用之全失；在九江方面，則黎氏前此亦嘗有電謂『北軍斷不入贛』，及既已入贛，又有電允『即撤回』。然而兩電均無效力，而潯陽之暗潮急矣。

若政府用人甚無信尤不勝指數，今姑舉一例。川督一職，去尹任胡，然而胡不掙氣偏要逃走，政府於此既不能去胡，既不敢斥尹，無可如何，乃又添一滑稽之川邊都督。此種命令其於威信何如？想國民自有公論也。

政府日言威信，而威信日隳，非由其祇知示威而絶不昭信乎？記者敢申言之，曰天下『無無信之威』，與其示威，不如昭信。

有意激變

民二年七月十三日《民立報》

惡政府有意激變。撤李調胡去柏，固深冀三省激動，以快其殘殺之私，不意三督去就大明大白。彼雖快异己之去，而終苦激變之計不成。幸有一陳廷訓迎其機，復有一李純逢其惡，節節進逼，深入贛境，雖黎氏之命有所不受，自由行動，其視贛殆如敵國。夫彼既以敵視贛矣，則能禁贛之不以敵相待乎？

惡政府有意激變。聞贛省警耗，或且喜其計之竟售。雖然，吾民何辜，重罹兵劫！多行不義必且自斃，其結果正未忍言耳。嗚呼！

箴海軍

民二年七月十四日《民立報》

北軍有意激變，節節前進，又突向贛軍猛攻，致贛軍不得不爲正當之防衛。挑撥戰禍，邀功嗜殺，其心殊不可問，今乃又欲牽率海軍同袍使濟其惡。嗟乎！同根相煎，古今所嘆。吾乃冀北軍之悔悟有日，乃忍更見海軍之重入迷途耶？

黎督電飭退兵，而李純偏要進戰。抗命啓釁，李純實尸其咎。惡政府不誅李以谢贛，反以李禍贛不足，更调海軍益之，贛民何辜受此屠戮？海軍中人素受教育，深明大義，必能審辨此次釁端之誰啓，而未肯爲屠户执刀，惡政府縱民自殺之政策又何所用之耶？

我思孟子

民二年七月十五日《民立報》

孟子曰：『君視臣如草芥，則臣視君如寇讎。』專制時代且然，何况民國？

袁世凱之視贛人何异草芥！撤調李督不足激變，又突派北軍入潯；入潯猶不足激變，又進逼沙河十里堡。

其視贛人有必芟夷蘊崇而後快者，贛人以寇讎待之，聲罪致討，匪特共和新義當爾，揆之古訓亦何間然？嗟乎！贛民，民也；非贛民，亦民也。民有不以草芥自待者，對此寇讎豈得無正當之防衛哉？

討袁之捷於應響

民二年七月十六日《民立報》

曩者第一次革命起，應響之速嘆爲神奇，而不料今日繼江西討袁而起者尤爲敏捷。袁世凱有意激變，草芥人民，討之誠宜也。

南京全軍皆變，要塞總司令吴紹璘被殺，曾不特瞬而宣告獨立，較之第一次革命時聯軍之襲擊，其難易之相去如何哉？專制魔王與共和國民不兩立，不推翻袁世凱無以救國家之危亡，此理固人民所共知。所以隱忍而不發者，則以軍隊之不即起義也。今南京全軍深明大義，毫不迴翔審顧，而即繼江西而起，洵難能可貴。已然，軍人之天職固應爾爾！

記者曰：『政治革命，今已成不可免之勢。所望其他各省，以江西、江蘇爲模範可耳！』

失道者寡助

民二年七月十七日《民立報》

或謂袁氏擁有重兵兼資利器，今日之事勝負尚未可知。我則仍思孟子之言曰：『威天下不以兵革之利。得道者多助，失道者寡助。寡助之至，親戚叛之。多助之至，天下順之。』袁氏之失道，可謂至矣。彼挾其金錢、勢力，以顛倒天下。三日以前，有謂蘇、皖、湘、閩將同時并起聲討袁賊者。吾知疑者必視信者衆也，而今竟何如？然則三日以後，安知吾舉國之不爲蘇、皖、湘、閩耶？此次戰争，其結局必視前歲爲尤速，可斷言矣。

告浙軍

民二年七月十八日《民立報》

前歲光復，浙軍不後於蘇，逮攻克金陵，名譽尤冠絶一時。今蘇、贛、皖、閩、湘、粤諸省俱起義討袁，而浙軍獨無聲無臭，若在夢中，寧非咄咄怪事？

或謂朱都督與吕軍長等皆擁護袁世凱，而甘爲其效死者。記者浙人，確信朱、吕等之深明大義，保障共和，決不忠於袁氏一人，如論者所云，殊淺之乎測朱、吕矣！

時機急迫，間不容髮，浙軍倘即起而響應乎？記者謹濡筆以紀好消息矣。

討袁之戰略

民二年七月十九日《民立報》

討袁之聲遍於各省，袁世凱無可兼顧，故其戰略利在專擣贛軍，以贛爲起義之區，贛軍仆則民軍全局摇動也。夫贛軍義奮，袁氏之願雖償，且舉國一心亦不以贛之成敗爲轉移。然我之戰略則即在搗袁氏之所忌，分途鋭進，一面爲直搗黄龍之計，一面即爲伐趙救魏之謀。據《西報》所稱，北兵和蒙古兵隊不逾四萬人，而此四萬人中可用者復不及其半，則袁軍之力實不足畏。今冷軍已在徐州戰捷，柏軍亦向臨淮進發，亟宜長驅直入，徑搗中堅。而北方及武漢同志亦當乘機舉義，俾袁氏不暇南顧。如是，則元凶不日授首，而國民亦不至久罹戰禍矣。

不得已也

民二年七月二十日《民立報》

義師之起，衹討袁世凱一人。雖袁氏私黨，但無反抗義軍之實迹，可悉置勿問也。

義師之起，亦衹討憑藉權位以濟其奸惡之袁世凱。苟世凱猶知悔過，翻然引退，不與義師相抗，則權位既去，作惡無從。國（於）[民]對於身爲平民之袁世凱亦必不念舊惡，許其自新也。

袁氏果自愛，宜速向國會辭職。袁黨果愛袁，宜勿爲袁氏重其罪孽。一面實行停戰，一面即由國會速定選舉地點，選舉正式總統。如是，則戰禍消弭，袁氏猶得藉是以贖罪於國民焉。

雖然，吾人愛國不能無此希望，而袁氏怙過必不聽此忠言，討袁之師豈好殺哉？不得已也。

倒袁與討袁

民二年七月二十二日《民立報》

討袁之真意，吾人既一再標明，而聞者或尚有疑。彼袒護袁氏故作莠言者無論矣，尚有明認袁氏之罪惡而反對以武力解決者，倡爲『倒袁則可，何必言討』之説。其意以爲，國會選舉果勿及袁，則袁不戰自倒，毋事言討，使因袁氏一人而國民胥受戰禍也。此其言甚正，而惜乎太迂。

蓋吾人之意本在倒袁，特倒袁之宗旨非賴討袁之手段無以達之故，不得不忍痛言討耳。果袁能尊重國會自由之意思，正式辭職，以待其選舉，則袁朝退討袁軍夕散。吾人本無多求，惟以袁氏之凶殘狡詐，不到黄河心不死，使無實力以討之而欲使之倒，雖有千百個國會無有是處。

或疑吾曰爲妄然倡『倒袁則可，何必言討』之説者，《新聞報》之柳君非亦其一人乎？吾憶柳君一月前曾有文推測選舉總統之結果，謂必袁世凱無疑，以袁氏自舉且得軍警推舉也。然則欲達倒袁之目的，非以討袁爲手段不可，吾意柳君亦必許爲知言矣。

不得已而戰

民二年七月二十三日《民立報》

兵凶戰危，此義誰不知之！且尤惟民黨中人知之最明。故清帝遜位，北伐軍即行解散。其後，袁氏藉口南方兵多，厲行裁汰，民黨亦一致贊成之。民黨之意，匪特不欲言戰，并不欲挾兵以自重。而無如挾兵以自重者正大有人在，且鬆鬆焉欲與吾民挑戰也。於是，而伐罪吊民之師乃不得已而起矣。

藉曰『民黨好戰』，則何不於南北未統一時？又何不於南京留守未取消時？然論者或謂民黨畏袁之勢也。則試問袁之勢力，其在今日視昔日爲何如？總之，民黨惟知公理、惟知正義，彼時望袁猶可爲善，今則希望全絶，昔日之可以不戰而不戰，與今日之不得不戰而戰，其道一也。仁者之师，義固如此爾！

義戰

民二年七月二十四日《民立報》

孟子曰：『春秋無義戰。』明乎春秋以前，我彪炳之中華歷史中固有無數之義戰在也。其爲驅除异族之戰，則有如黄帝之於蚩尤；其爲聲討獨夫之戰，則有如湯武之於桀紂。孔子謂湯武革命『順乎天而應乎人』，蓋深許湯武之爲正義而戰也。

秦漢而後，君權日尊，正義日晦，雖至無道之君有人民起而反抗，當其未成，未有不以叛逆盜賊目之者。成則爲王，敗則爲寇，已成爲晚近歷史之公例，誠不料日言尊孔，而孔子標舉之革命大義乃盡弃之如敝屣也。二千年來，僞尊孔之現象如是，則一年有半之假共和誠何足以覺醒吾民也？然而以是之故，吾人乃愈不得不爲正義而戰矣。

成敗

民二年七月廿五日《民立報》

精衛先生曰：『東南人民出萬死不顧一生之計，以爲此一發不可復收之舉，此豈尚有成敗利鈍之見在其胸中？使其成也，四萬萬人實受其福。即不幸而敗，猶不失如日本西鄉隆盛，西南之役長留民賊以怵心劇目之紀念。』然則民軍之起，成敗固早置度外，不況乎成敗之局今尚未知。天道猶存，人心不死，死義派之勝利，固可斷言耶！

成敗（二）

民二年七月廿七日《民立報》

民黨爲正義而戰，本無成敗之見。同時，尤有一極公明之心理，即謂國內有兩種勢力互相抵觸衝突不已，國事難以進行，則必融合兩勢力爲一，或消滅兩勢力之一，而後有根本之解決。一年以來，民黨之謀融合者至矣，而卒無效。與其待遇趙、洪、應、武之殺，使民國大總統冒殺人犯之嫌疑，不如大明大白興革命之師，成則倒袁氏之冰山，不成則民黨亦死心塌地，以讓袁氏之力征經營。雖民黨之所信，袁無牽制，毒將益甚，然猶冀所信之萬一不確也。此其心地之光明磊落，誠無論成敗皆足有利於國民矣。

不幸人心日壞，民黨之誠未足以相孚，而舉世滔滔盡捲入於勢利漩渦之内。雖素負東南重望者猶怵於一時未定之成敗，甘爲反覆無恥之小人，致令人議其三變四變以至於五變六變之不已。以如是之人心使袁氏竟告成功，幾何不胥天下而爲禽獸也？吾於是知吾黨之萬不可敗。而天果不欲亡民國者，民黨尤萬無不成之理矣。

輿論

民二年七月廿六日《民立報》

有真天君者著《敬告各政黨》一文投稿於《新聞報》，《新聞報》録之於輿論欄，而删除其中幅之責備政黨與政府者。真天君以非其本意示寄原稿作，録《新聞報》所删節者如下：

夫政黨之於政府有三大責焉，監督、指導與扶助是也。監之督之使其無失職與違法，指之導之使其知所從事，扶之助之使其措施强健無不行之政。凡爲政黨皆當以是爲職志，惟監督、扶助必有界限，不能過爲之耳。國民黨監督政府不免太過，故有類乎阻撓政府從而嫉忌之，而暗殺宋案遂生矣。自暗殺宋案生，國民黨人之激昂宜乎其不可一世，而政府又票傳黄興以爲趙就審之。抵制自違法借款事起，國民黨人之攻擊宜乎不遺餘力，而政府又撤三都督，無故進兵於江西，從其表面觀之，政府之罪誠不可爲諱者矣。然政府之行爲，其悖謬一至於此者。則以既有軍警爲之爪牙，復有政黨爲扶助耳，使各政黨對於政府之違法失職，恒能出以公平糾而正之，政令既平則人心平，又何至有今日之變哉？夫國民黨激烈者固多，而隱健者亦復不少。以其他手段争政權則有之，以稱兵争政權則無有者也。乃各政黨迷於感情，一以扶助政府爲能事，政府失職固不問，即違法亦不理，以至貽憂家國，能不痛哉！夫國民黨果有不正之行爲，監視之可也，糾正之可也。因反對其所爲而放過政府，隨其任意妄爲，此吾不得不咎各政黨之無狀也。

真天君以《新聞報》爲能持公論，然有詆及政府者，該報輒擯不録。蓋今之自號超然者大率如是，吾人更從何處得公論哉？真天君又曰：『戰事之結果，若袁家軍勝，則依附草木之腐敗官僚更爲得勢，刷新政治將無復可望，憤激人心詎有可平之日，禍亂相尋當無已時。』嗚呼！此尤今之自命超然者所不欲聞矣。

南、北軍之比較

民二年七月廿八日《民立報》

製造局四日之血戰，南軍炮火專向敵軍射擊，北軍則時時以大炮轟毁公私建築，流彈所至，遍於城内南市英法租界，傷人無算。

更回溯一年來之已事，光復以後上海軍隊如林，而支配於陳其美部下者，至解散裁并時未嘗有一毫之變亂。北軍則最尊仰袁宫保，而京津兵變次第見告，損害人民財産不可數計。

更推論兩軍對外之關係，人謂南軍得某國暗助，而同時又稱南軍軍費不足，北軍則五國銀行團代發海軍軍餉。以財權予人者，更駸駸兵權假人。

嗟乎！南北本屬一家，豈北遽不若南哉？蟊賊去，而南北復爲兄弟矣。

嗚呼，海軍

民二年七月廿九日《民立報》

連日，製造局戰事，論者皆謂民軍未能得手。記者亦不爲深諱，要知製造局所以難克之故，以海軍爲北軍助虐耳。

此次兩軍相戰，使彼此全以陸軍，則流彈所及必不甚遠，人民之生命財産不至大受傷夷，而城内外之居民其恐慌亦不至若此之甚。不意海軍忽受袁政府金錢運動，集十餘軍艦齊施巨炮損害居民。故此次戰争之延長（使無海軍發炮，則民軍早破製局），惟海軍爲之，而戰禍之慘酷亦惟海軍爲之。以鞏固海權之海軍而肆其屠戮同胞之毒手，豈有良心者所忍出乎？或曰：『此特李鼎新輩爲金錢所用，而非海軍全體軍人之意也。』其或然歟。

闢謬

民二年七月三十日《民立報》

今之反對討袁者有一至謬之見解，即謂辛亥革命全由國民心理中不忍受异族之壓制，而今則已無種族之歧异，不得復以辛亥之事爲比例也。不知辛亥革命其發動之原始與歸宿之結果，皆全爲政治革命，而所謂種族革命者特不過鼓吹時之一種手段。蓋自清政不良，厲行專制，建於末季更利用中央集權之名詞朘削民命，國民忍無可忍爰舉義師，然至清帝遜位，改建共和，國民即以優待條件報之，對於種族之宿怨全行拋弃。此可知辛亥之役亦以政治革命爲主，因而種族云云則僅其附帶之因原也。

且如論者所云，必有種族之怨而後可以革命，則必全世界歷史中無一純粹之政治革命而後可。然徵之古史如湯武，考之西籍若法美，皆何嘗有種族之見乎？故如論者所言，直謂吾民無政治革命之程度，此吾民所萬不承認者也。

袁世凱果能自劾乎

民國二年七月三十一日《民立報》

袁世凱善學君主口吻，近下一道詔書，似罪己，非罪己，以南北地方等邪説重誣民黨。不知討袁軍之起，早聲明無南北之見，更無新舊之爭。同時江蘇軍界更謂袁若退職，彼等必遁迹人間，以贖軍人不從命令之罪。然則此次討袁之舉，於完全統一國家，寧有絲毫傷損？袁果有待人受代之意，則吾知袁氏朝退，戰禍夕弭，吾中華統一國固完全無恙也。

然袁亦自知不德，自知奉職無狀，故有『行將自劾，以謝天下』之言，此言而可信，即討袁軍盡膏斧躓亦復可喜。日本經西南一役，而憲政以成。民黨言之，即袁亦言之也。袁能自劾去職，今後之總統，以袁之違法激變爲戒，而今吾國有真正之共和，則民黨雖敗猶勝矣。所惜袁氏一生，太無信用，自劾云云，恐終爲欺人之談。况袁又何妨陽爲自刎，而陰令其私黨作美新之文、軍警效陳橋之事乎？然則討袁軍尚未可以已也。

袁世凱之宣言

民國二年八月一日《民立報》

袁世凱方有自刎之言，而又宣言五年以内，中國當仍爲軍務時代。嗟乎！袁世凱固以知兵自詡者，其言外之意，直謂軍務時代之總統非我莫屬耳。嗟乎！袁世凱果肯自刎哉？果如袁氏之意，豈特五年，即十年、二十年以至百年，中國亦仍在軍務時代也。何也？惟以軍務治民，而後可限制人民憲法上之自由，而後可勵行個人意思之教令。而壓力愈甚，抵力愈大，人民長處於慘迫之境，則全國擾亂之種子無時或絶。擾亂無止境，即軍務時代無已時。而袁世凱之總統，可以久假不歸矣。嗟乎！袁世凱之意，又豈僅僅五年哉？

然即以五年論，不知吾人民能耐此痛苦否？又不知吾民國能延此命脉否？一年來之違法其激成事變已如此，假以五年，則更當何如？嗟乎！民國猶忍甚一日縱袁氏哉？

死

民國二年八月三日《民立報》

自由不死，非争自由者必不死也。一人死於前，千百萬人繼其後，千百萬人不能盡死，而後自由乃不死。

若謂我以争自由故，自由不可死，我亦不可死，我死則争自由者且無人焉。此其無論其出於托詞，就令真有此心，而其視國民太輕，即真自由亦萬不可得。

國民以死争自由，固不以一二人之死與不死爲輕重。然此一二人何以對國民，亦何以對自己。争自由而死，死者其體魄，而不死者其精神。若精神已死，而徒留此塊然之形骸，其痛苦當較死爲尤甚。嗟乎，今之争自由者其鑒之哉！

鏟除主義

民國二年八月四日《民立報》

袁世凱對於民黨，決用鏟除主義。人議袁世凱之忍，我笑袁世凱之愚。

官僚黨謂一年以來，講調停，講融和，所以有贛、寧之事，今當決行嚴厲手段。然試問前清末年，滿政府對於革黨，幾曾講調停、融和者，又何嘗不想鏟除净盡者？然其結果如何，請諸公自思之。

袁果以兵力鏟除民黨，民黨之幸也。我所畏者，袁不能鏟除民黨，而民黨爲金錢所蠱惑，或爲謠言所震懾，以自受其剗除而已。雖然，我料民黨斷不至此！

嗚呼，國民

民國二年八月五日《民立報》

光復以後，上海軍隊如林，無以奸淫槍掠聞者。今浙軍南來，龍華居民即慘遭荼毒。同是兵也，而將兵者之宗旨，有保民殺民之分，其結果即相异若是。嗚呼，朱瑞！爾與滬人何仇，而必毁其室？爾又與浙人何仇，而必隳其名？鎮、揚獨立時，七凶不驚，一旦取銷，揚軍乃欲以鎮爲駐防區域，鎮軍之力謀自衛，宜也。然而戰雲既啓，民又不安其居矣。嗚呼，徐寶珍！爾又與揚、鎮人何仇，而必擣亂其秩序？

朱瑞、徐寶珍何足禍吾民？縱朱瑞、徐寶珍使爲惡者，袁世凱也！縱袁世凱使爲惡者，國民也！嗚呼，國民！爾至今日，尚無討賊之决心乎？

卑怯殘忍之手段

民國二年八月六日《民立報》

在野蠻專制之國，恒有懸賞購人首級者，滿清末葉，即嘗以重金購緝孫中山諸人。不謂今稱民國，復有此種卑怯殘忍之事，而最文明之言論機關，竟爲之鼓吹，是可异也。《民國西報》有文論此事，《中華民報》譯之，兹轉録如下：

二日，上海《大陸報》第四頁登一廣告，華英文兼備，其目的顯係鼓殺人，此不得不請美洲合衆國之駐滬代表一加注意者也。該廣告之華文，即一日鄭汝成代袁世凱懸賞拿人之通告，其目的物爲黄君興、陳君其美及黄、陳二君之副官，共四人。據《大陸報》云：『凡交出四人者，無論生死，均得領賞。』該報以大號字模印出此種廣告，凡稍解華文與淺近之英文者，均一望而知其爲有鼓吹殺人之意也。彼鄭汝成輩之欲得黄、陳諸君而甘心，夫人而知之，今《大陸報》登載『不論生死，一律領賞』之廣告，謂非助桀爲虐，得乎？

《大陸報》若登載懸賞緝人之消息，本無不可。惟以公共租界一堂堂之言論機關，甘爲人利用，作間接之暗殺機械。以文明自名之人物，有此等野蠻舉動，不亦駭人聽聞乎？

側聞工部局因鄭汝成之懸賞拿人通告，顯係誘人暗殺，故嚴詞拒絕，不准張貼租界各處。不謂工部局所不准行者，《大陸報》竟公然行之，該報總館在美洲合衆國特雷威爾省之韋爾敏頓城，今爲曲意左袒鄭汝成授意懸賞緝拿個人之敵之故，遂置法律公理於不顧，實爲該報不取也。雖然，鄭汝成將來達到殺人之目的，則《大陸報》實功之不可掩滅也。

民袁兩軍比較觀

民國二年八月八日《民立報》

民軍攻製造局六次，堅忍苦戰，雖彈械缺乏，而未嘗有如北軍入城後搜索商團槍械之舉。

松軍駐龍華頗久，紀律嚴明，雖血戰勞苦，而未嘗有如浙軍到彼後肆意奸淫槍掠之事。兵以保民，非以擾民。對於正當營業之商人，而疑之若盜賊；對於流離瑣尾之居民，而待之若草芥，非有良心者所忍出也。民軍所爲，亦第盡軍人之所當盡，初無足道，而一與袁家軍相較，則苟有耳目，無不薰蕕立辨者。

嗚呼！民軍所不如袁軍者，惟有一事，即揮斥金錢，使貪使詐，其能力實萬有不逮。故彼能以十萬元購一黄興，而此不能以十萬元購一袁世凱。雖然，卑怯殘忍之舉，豈惟不能，抑亦不屑。以義興師，雖敗猶榮，國人終有覺悟之一日也。

民意之推測

民國二年八月十日《民立報》

今日國民，除袁黨及迷信袁氏者外，其稍有智識者，莫不知討袁爲大義所當然，亦明知其爲不得已之舉。其有毫無主張、未敢宣布獨立者，在御用黨論之，則以爲民心不贊助討袁之確證。而自記者觀之，則大不然，蓋其故有三：一因少數官吏及軍界領袖所把持，人民敢怒而不敢言；二因社會上之著名惡紳及公共團體中之敗類爲官場金錢所收買，以劫制多數國民；三因國民徒見宣布討袁後暫時不免受直接有形之損失，而不悟袁氏不去，受間接無形損失爲大。有此三因，而討袁之舉表面上似未曾得大多數國民之贊同，而爲御用黨反對之藉口。

然公理不滅，正義終有大伸之一日。靜以俟之，記者之言，當能實驗也。

傷心

民國二年八月十二日《民立報》

閘北是中國土地，偏要外國人干涉，説是租界的北鄉，雙方都不許駐兵，我聞之傷心。既然説是雙方，自然袁軍也包括在內，但前次不許民軍設司令部，現在偏許袁軍自由駐扎，食言而肥，連外國人都如此如此，我聞之更傷心。

袁世凱甘弃主權，外國人不講公理，大家都惟利是視，説甚麽共和，講甚麽文明，傷心傷心。吾欲叩九閽而一問之矣！

傷哉，民國

民國二年八月十四日《民立報》

江西首先獨立後，數日之内繼起者約五六省，義聲所播，捷於應響。倘各省同心協力，一致進行，無奸人以爲阻礙，則逆料迄於今日必有美滿之結果。而無如金錢之勢力，足以壓倒一切，公理與士氣俱不之敵，致民軍與袁軍相形見絀。民軍中之根性薄弱者，更惑於袁氏之多金，紛紛受人運動，大款入握，獨立於焉取消。戰争之現象如此，可謂開亘古未有之奇局，極奸雄手段之高妙矣。彼一般昏罔者，一見及此，以爲戰禍已免，自家性命可保，欣欣然若有喜色。嗚呼！一時之戰禍固可幸免，然中國之前途從此不堪問矣。

失敗之英雄

民國二年八月十四日《民立報》

民軍爲人道而戰，即可爲人道而和。讀鈕惕生與柯司醫生談話，論一己之態度，則慷慨激昂，權大局之輕重，則慈祥愷惻。百戰將軍忍痛言和，吾人悲鈕君之遇，尤欽鈕君之行。

人人意中，皆謂吴淞必有血戰，而今竟不戰，非不敢戰也，不忍戰也。時异勢殊，前之力戰以除民賊謂之勇，今之不戰以全民命謂之仁。勇也仁也，皆所以爲吾民也。有爲吾民之志，而又皭然不污，不以賄賂變其操，若鈕君者，可不謂失敗之英雄歟？

黄金毒

民國二年八月十六日《民立報》

此次戰事，極古今未有之奇觀！兵將得意外之便宜，百姓受兩重之損失。兵將翻來覆去俱可得錢，百姓則既受目前兵灾，更擔負將來巨債——因兵將所得不義之財，并非袁世凱帶來之私産，仍須百姓以汗血金錢墊此虧空。嗚呼！天下以金錢得之，亦將以金錢治之乎？

世變至此，舉國無可用之兵，人民有難完之債。以金錢使人，則天下之可使我者何限？銅駝荊棘，君子如此，正有無窮之痛耳，一時成敗，又何足論哉？

柏文蔚可以風矣

民國二年八月十七日《民立報》

大丈夫作事，磊落光明，惟義所在，則挺身以赴之，不臨難而退，不中道而變，認明是非，志嚮堅定，至事之成敗利鈍，皆非所計焉。討袁問題起，彼喪盡天良以媚兹一人者，吾無責焉已。即以民黨自命，其先決心討袁者，而曾幾何時，逃者逃，退者退。靡不有始，鮮克有終，大好事業，視同兒戲。如此類者，殆羞於天下後世莫甚焉。吾再進而數其能符大丈夫之稱者，則當推李烈鈞、柏文蔚等。而讀柏家書，則更令人肅然起敬，蓋不僅足以堅國民討袁之志，抑亦世道人心之中流砥柱也。若斯人者，不幸而敗，亦我民族歷史之光也。

苦我民耳

民國二年八月十八日[一]《民立報》

《新聞報》昨日時評，謂戰事早息，而戒嚴不輟，則人民之樂利生存日處限制剥奪之中，而人道於是乎苦。

[一] 抄本誤作『十九日』。

此真（靄）［藹］然仁也之言，而惜乎袁家將之不足與語也。袁世凱嘗宣言：『五年以内，中國當爲軍務時代。』袁氏之意，正在以軍法治民，則可制限剥奪其憲法上之自由權。期以五年，今日僅其嚆矢，而望袁軍之即撤戒嚴法也，未免太迂。

南下北軍，決無撤回之望，各地戒嚴，亦斷難冀其解除，所謂不得已而用之者，在袁氏則正可已而不已者也。倘袁軍激於記者之言，而翻然尊重民之自由，則記者甘受失言之譏，而滬民之受賜多矣，然而此必無望。

誤人不淺

民國二年八月二十日〔一〕《民立報》

江蘇人最苦惱，廣東人亦最苦惱。江蘇人怕戰禍，命之南則南，命之北則北，以程德潛、應德閎之反覆無耻，至今猶托庇焉，而戰禍乃獨烈於江蘇。廣東人亦怕戰禍，聞蘇慎初取消獨立而喜，聞黄士龍來爲護軍而喜，聞龍濟光帶兵入粤而尤喜，而不知取消獨立後之戰禍，乃爲百年來所未有。嗟乎！我蘇人、粤人今日亦知悔否？嗟乎！我國人今日又知以蘇人、粤人爲鑒否？

蘇、粤人之性質，疑若有异，而受禍則同，由其所見者小，而所昧者大也。蘇州人無自主力，廣東人可以

〔一〕抄本誤作『二十二日』。

自主，而偏要受人運動，要命與愛錢，其誤人真不淺！

張勳太不争氣

民國二年八月廿一日

張勳挾重兵而來，三數文妖昧理趨勢，已有摹寫張入寧後如何得意情形者。奈張太不争氣，猛攻數日，無役不敗，致令妖報捏造寧城克復之謡言，人人共見其僞。嗚呼，張勳！爾出盡袁軍之醜矣。

張前年自寧敗走，頗怨袁世凱不接濟餉械，今餉械俱足，何又一敗再敗耶？督率無方，殘忍成性，槍嚇鐵路人員，仇視紅十字會，目不識丁，頭多盤辮，國民試瞑目思其形狀，果配作中華民國軍人否？嗚呼，張勳！爾以敗軍之將，重來丢醜，可惱！可惱！嗚呼，袁世凱！爾縱流民頭目南下殺人，污我軍人顔面，可恨！可恨！嗚呼，各妖報！爾以媚袁世凱故，并媚張勳，喪盡良心，自增其醜，可憐！可憐！

馮、張之比較〔一〕

或問：張勳軍隊既不堪承教，若馮國璋則何如？余謂張、馮二人在前歲光復時，其事迹早有定評。張軍之

〔一〕此文原載一九一三年八月二十二日《民立報》。

野蠻，至今年餘了不長進；則馮國璋之凶狠殘忍，豈能遽然變觀？

馮國璋火燒漢口，至今談者色變。今幸共和假面具尚未盡脱，馮或不敢重演舊劇。然使其一敗再敗，老羞成怒，則難保其不更施毒手。且馮除凶狠殘忍外，亦別無他種能耐。蓋馮果善於將兵，則前年統兵南下，盡可以堂堂正正之旗一決勝負，何至預許兵士大掠三日，而後始能進至漢口耶？然則馮、張亦一邱之貉耳。

誰謂袁世凱知兵

民國二年八月二十三日《民立報》

張勳一草包而已！匪特無陸軍新知識，即防營舊紀律，彼亦何嘗夢見？其在堯化門敗走狼狽情形，若被西人攝成活動寫真，向歐美各邦試演，雖盡西江之水，不足洗國人之耻。雖然，袁世凱豢張勳，吾國民固未嘗認爲民國軍人也。

人謂袁世凱知兵，我謂知兵必善將將。他人姑不論，若張勳者，袁世凱亦倚若干城，猶可詡爲善將將否？張勳前歲自寧逃走，國人皆云可殺，袁世凱獨收養之於兖州，使之招兵買馬，蓋早預備爲今日殺人之用矣。此一載有餘之歲月中，不知耗幾許國民之脂膏，作幾多擾民之罪孽？然至於今日，張又重在南京丢醜，并枉送許多性命。嗚呼，袁世凱！高興殺人，今若此則殺人者適以自殺耳，彼迷信袁氏善知兵者可以悟矣。

論北京之戒嚴

民國二年八月二十五日《民立報》

北京無戰事，市民亦未騷動，本無戒嚴之必要。而袁世凱必宣布戒嚴且以趙秉鈞爲總司令者，其故有二：（一）則假戒嚴之名可以限制人民《約法》上之自由，如封閉報館、逮捕人民、拆閱書信、搜索家宅，許多專制之罪惡皆假戒嚴之名以行，而無慮議員之質問；（二）則自宋案證據宣布，趙秉鈞受主使殺人之嫌疑迭經法庭票傳，雖始終托病規避，而此生已無復政治活動之餘望，今乘戒嚴之機任趙爲總司令，則趙可明目張膽出而任事，而國人無如之何。北京戒嚴之真意味如是，稍留意國事者必以余言爲然也。

不意文人無耻，竟有目今日之北京戒嚴爲黄老派之戒嚴，且更稱趙氏爲今日黄老派之代表。匪特欺國人爲無目，抑且辱没黄老主義太甚！夫不必戒嚴而戒嚴，已斷非黄老派所爲，至以謀殺一人惹起絶大戰禍者而目爲黄老派代表，恐黄老派不任受也。嗚呼！遠生豈真不知黄老派之真義乎？抑更不知趙秉鈞之真相乎？吾願其擱良心而一思之也。

糊塗蟲不管糊塗賬

民國二年八月二十六日《民立報》

國務院茶葉每兩值價四元，國務員便飯每桌需用四五十元。闊哉，袁政府！前清之内務府不是過也。

袁世凱任臨時總統一年，其私人虧空已達二千萬兩以上。上行下效，趙秉鈞、程經世等無怪如此闊闊。人説袁世凱一把總鑰匙不肯放下，意在表示其精明，他人無從把持。我説袁世凱衹握了一本糊塗總賬，除非他死了，或把賬燒得乾乾净净，自然没有人能算清此賬。

袁政府如此濫費，國民尚大度包容。破産之禍即在目前，然而沾溉於大借款之餘瀝者，固尚聲聲辨護，不計其他也。嗚呼！噫嘻！

嗚呼，人道

民國二年八月二十七日《民立報》

袁世凱蹂躪人民之罪，不以一二事而有所輕重。然如購人首級之令、查抄家産之令，則足以證明袁世凱之腦筋不脱歷代野蠻君主之舊態。匪特共和國不容有此，即在君主國，即立於二十世紀時代，亦斷斷不能有此不人道之舉動也。

購人首級爲世界輿論所唾弃，因袁世凱有正式命令宣布，而上海某《西報》且爲之大登廣告也。至查抄家産之舉，攻擊者較鮮，則由知此種事實者亦不多之故。實則今世文明各國，無論懲治何種文明罪犯皆無此辦法。果查抄可行，則滅族亦何不可者？

據昨日《新聞報》所載，吴興知事奉朱督行文内開：『奉大總統命令，查抄陳其美家産。』是袁世凱又確有此命令，而國民乃默不一言也。嗚呼，人道！

張勳又來丟醜

民國二年八月二十八日《民立報》

張勳此次南下，極力爲袁世凱丟醜。其軍隊之野蠻無狀，早披露於中外各報，無待吾人詞費。乃今復演出一得未曾有之怪劇，揑造戰報，謂南京已經克復。在張固謂馬隊已經入城，然不問城内之虚實，一味蠻進，馬隊方送死於城隅，而捷電已傳布於京省。可見偵探斥堠之事，張軍全無所知。此猶詡爲百練之師，真不自知其醜也！

嗚呼！袁世凱之所以豢養張勳者，爲殺人而已。張勳之所以圖報袁世凱者，亦祇在殺人而已。夫以殺人爲事者，未有不鹵莽滅裂者也。然則張勳之一再丟醜，亦正所以報袁世凱兩年來之知遇耳。於此而猶有謂袁世凱善用兵者，其誰信焉？

嗚呼，國會〔一〕

立憲與專制之別，自其最淺者言之，即在國會之有無而已。袁世凱非有回復專制之決心，決不敢蹂躪國會

〔一〕此文原載一九一三年八月二十九日《民立報》。

至於此極。湯漪謂今當問總統是否願與國會共理國政，余可以直捷爽快之詞答之，曰：『袁世凱必不願也。』

昔英王查爾斯一世以議院反對之故欲抑制議院，乃指議員中爲首者漢伯敦等五人誣以謀反，率兵捕之不獲，而英人以爲大辱，倫敦都人咸挺刃而起，趕查爾斯出奔，其後就獲遂（獲）〔伏〕誅。今一日而捕國會議員八人，袁世凱之淫威殆更甚於查爾斯一世耶？然而吾民之寶愛自由殊不英人若也。嗚呼！吾其終爲專制之僇民乎？

熊希齡尊重立法機關

民國二年八月卅日《民立報》

熊希齡未入京時，各報記其言論謂：『因尊重立法機關之故，一律不令議員入閣。』記者雖早知熊氏之居心如何，然未嘗不嘆其言之巧。逮熊氏於念六日到國務院任職，而念七日即有逮捕八議員之舉，乃益嘆民國何幸，竟有似此尊重立法機關之國務總理也！

議員可入閣與否，誠爲今日有研究價值問題。在主張内閣制者，方欲打通立法、行政兩部之郵，令議會多數黨組織内閣，則即議員入閣，於尊重立法機關何妨？至議員之不當入獄，則固人人知之。今熊氏不欲議員入閣，而偏令議員入獄，以是爲尊重，難乎其爲尊重矣！

或曰：『令議員入閣，則易啓其競争權利之心；令議員入獄，則轉堅其愛慕自由之念。』熊希齡之政策蓋猶前清大僚製造革命黨之故智也。嗚呼，是或然歟？

咄咄，張勳

民國二年九月一日《民立報》

咄咄，張勳！爾竟欲轟毁南京全城耶？爾與南京人何仇，不以正當之戰術與民軍決勝負，而忍令全城同歸於盡耶？馮國璋火燒漢口，得封二等男，爾果轟毁南京全城，袁世凱且封爾爲親王矣。以萬人之血易一人之榮，共和國之現象如此，嗚呼！

不知死所

民國二年九月二日〔一〕《民立報》

青天白日要人於舍館之門，抑而置之馬車坐墊之下，使人噤不能聲！此盗賊拔人之行徑，非尋常越界拘人比也。

租界警政號稱嚴密，而惡偵探且膽大如此，則人民無時無地不處於危險之地位矣。聞京津、武漢等處旅客多無端失踪，其實皆由惡偵探捕擄而去，被捕者不自知其罪，其親朋戚屬亦不知其何時被捕，而斷頭臺上、萬

〔一〕抄本誤作『三日』。

人坑中浸且斷送其一生矣。慘無人道至此，非稍有人心者所忍聞，而不意今乃親見之，且見之於探捕密布之租界中也。噫！

袁軍之罪惡

民國二年九月三日〔一〕《民立報》

生泰棧之拔人，重慶路之暗殺，皆於袁軍有關。袁軍南下以後，其罪惡之在南市、閘北者，已記不勝記，而不意租界中亦大受袁軍之擾累。

以袁軍在滬之聲勢，苟對於租界中之民黨而要求正式逮捕，亦若可得，乃必出於拔人暗殺之行爲，其罪惡誠非尋常所能思擬矣。

雷震春搗鬼

民國二年九月四日《民立報》

無法無□之八議員捕拿案，内有趙世鈺、恩格、褚輔成等，均□雷震春宥電逮捕，□雷自稱在逆黨秘密機

〔一〕抄本誤作『四日』。

關部查獲該黨北京本部密函、密電。秘密機關部在何地，雷之查獲在何時何日，查獲時情形如何，吾上海人均有耳目，試問有一人聞而知之，抑見而知之否？

以號稱查辦使之雷震春，而搗鬼誣陷之手段且視尋常惡□爲甚，則何人不可誣陷？何種證據不可裁埋？今而後國民真無死所矣。履霜堅冰，由來者漸，觀於八議員之逮捕而猶不憬然悟者，必無人心者也。

小商人的困苦〔一〕

抄自《覺悟》

中國現在一般小商人，確已陷於最困苦的境遇了。

在内地的，常受貪官污吏的敲剥，苛斂暴徵，有加無已，而兵呀、匪呀，更鬧得他們不得安安穩穩地營業。

在上海的，表面上似乎安穩得多了，然而我常常聽得他們愁眉苦臉地：『我們一天到晚，辛辛苦苦地做生意，衹爲兩種人作牛馬罷了！這兩種人：一種是房東，一種是錢莊老闆。』

上海房租的昂貴，足以妨礙凡有的事業。一所小學校或女學校，如果它不願房子不十分湫隘，空氣、光綫

〔一〕此文原載一九二四年八月二日上海《民國日報·覺悟》。

要稍稍合宜，即就房租定須占去全校支出的大部分。要請好教員，多辦些儀器、圖書，都是做不到的了，而運動場等等却還依然無着。商店呢，受苦更甚於學校，房租昂貴，而且步步增加，那是不消説了。你虧本呢，房東是不管的，欠了三個月的房錢，十字封條定要釘上門來；倘使你運氣好些，居然還有錢可賺，房東就會打你主意，在照理加租以外，還有别的竹杠。教育、實業這兩項，不是一般人認爲救國的根本方法嗎？然而房東的權威，無形中已不知摧殘了這兩項多少的生機！

錢莊呢？清貧的教育界自然不配和它發生關係，至於一般商店，除很小的以外，多少總有些資本，而單是自己的幾個呆板的資本却又總不敷運用，於是它們總能直接或間接與錢莊有往來，而同時又不得不仰承錢莊的鼻息了。近年以來，錢莊的拆息，常常［騰漲到最高限度，而且常常］〔一〕爲長期的騰漲，那種現象是從前上海商界所絶對未有的。或有人疑爲這是市面銀根恐慌的結果，在錢業也是迫於無可如何而已。但别的我不知道，我衹知道兩年中，上海錢業的盈餘也達於空前未有的盛況，一般的商店憔悴不堪，而能上海許多財翁［正相率而競開錢莊。我呆呆地想，如果錢業把拆息稍微減低一些，錢莊老闆還是依然有紅利可分，衹是少分一些罷了，而一般商業不已大受其利益嗎？然而我自知還是很呆笨的思想！世界上的富翁］〔二〕哪一個不是想財上加財的，中國的富人怎會比猶太的富人愚笨呢？

〔一〕據《覺悟》補。
〔二〕據《覺悟》補。

現在的世界，總是一個少數人肥、多數人瘦的世界。可憐的小商人，你們有什麼方法自救呢？

錢莊潮〔一〕

錢莊的興盛，與房租也有重大的關係。住在上海的人，大概都知道三年前有信交潮，却不知道現在正潛起了錢莊潮。自然，錢莊不是信托公司和交易所可比：風起雲涌的信交，是很危險的投機事業，錢莊雖也一天一天的多起來，但它們都是很穩當的發財，決不冒什麼風險。可是，就影響於房租這一層來講，目前的錢莊比起三年前的信交，祇是五十步與百步之别罷了。南京路以北，北京路以南，江西路以西，山西路以東，這一個區域裏的商店，受着錢莊的影響真是不小。近年來的錢莊，賺錢既容易而又安穩，房租貴些真不在乎此，你争我奪，鬧得一般房主居奇而又居奇，於是用出種種手段使别的房客難以一日安居。據我所知，數十年賓主相安的大綢莊且被下逐客之令，别的還用再説嗎？錢莊潮的涌起，是否果於上海的市面有益，我不敢知；就房租講，總已使少數人肥而多數人瘦的現象又促進一步了。

〔一〕此文原載一九二四年八月三日上海《民國日報·覺悟》。

請用商業原理批評東大工科停辦〔一〕

現代中國教育家，歡喜拿商店來比學校，這一個譬喻果真合理，東大停辦工科實在不成什麼問題。因爲商店辦貨，總要向賺錢這個目的做去。如果大經理和幾個董事都覺得某一項貨物是要虧本的，他們當然可以隨時決議，把某一項貨物停止采辦售賣，商店既然停辦了這一項貨物，顧客當然祇能到别的商店裏去買了。東大停辦工科，顯然因爲工科辦下去於學校太不合算，他們怕虧本而停止這一項營業，難道在這營業自由的時代，别人還能加以强迫，説它一定非做這筆生意不可嗎？

不過，商店也似乎有一種不成文的訓語，就是説真會做生意的人，賺錢的生意固然要做，賠錢的生意有時也須做。況且學生既已來校，學校預定在某一個年限上給他們畢業，那就等於商店預將貨物拋售給顧客一般，如果中途停止，似乎與商業信用也有些不合。教育原理今天自然用不着了，商業我是個門外漢，所以我要請求精通商業的人，就用商業的原理來批評東大工科是否可以停辦。

〔一〕此文原載一九二四年八月十日上海《民國日報·覺悟》。

根本解決〔一〕

『頭痛醫頭，脚痛醫脚』，這兩句話，大概一徵引出來，没有一個人不知道不是延年却病的好方法。其實，如果在一個身體十分强健而又很能注意衛生的人，今天偶然頭痛，那便當然衹須醫頭，後天偶然脚痛，那也當然衹須醫脚。

頭痛而不是醫頭所能了事，脚痛而不是醫脚所能奏功，必是那個人的身體根本上受病已深，隨時隨處都可以發現出病症來。頭痛而病决不衹在頭，脚痛而病决不衹在脚，在這種情形之下，自然頭痛的也不能不貼些頭痛膏，脚痛的也不能不搽些脚痛藥，然而必須再從根本上去做除病消毒、攝生養命的功夫，那已是確無可疑的了。

上面的話，我是要借來説明零碎解决與根本解决的意義。

我也承認零碎解决是不可少的，因爲從一方面看，解决了些零碎問題，而明天别的零碎問題又起，纔能使人真正覺悟到零碎解决的無益。這正如頭痛醫頭，多少總有短時間能止頭痛，但醫了頭而頭仍痛，或頭不痛而别的病症又起，纔可以使他知道單醫頭是没用，而進一步去求更高明的方劑。所以頭痛醫頭雖然不是好方法，

〔一〕　此文原載一九二四年八月十七日上海《民國日報·覺悟》。

但總比連頭也不醫的要聰明些、不麻木些。

但是如果一個人早自覺渾身是病，或痼疾已深，而仍不去求根本療治的方法，那就儘讓他醫頭醫脚，忙個不了，結果還是等於待斃的愚人。中國今日是怎樣的一個局勢呢？還能不承認渾身是病嗎？

言論［自由］的權利要被人侵犯了，大家急忙起來擁護：開會、寫信、做文章、登廣告、散傳單、運動納税人，耗費了許多的精力與時間，結果衹博得一個暫時擱置。如果這樣的一年一次，大家不覺得太煩擾麼？根本的解決，自然有文明國先例在，不出代議士，不納租税！然而……

一個人打傷了或竟打死了，激動了大家的義憤，開會、募捐、推代表、請律師、寫信給交涉員——這當然又是很可敬佩的人類同情心的表現，然而打死人雖可説偶然，而那可以打死人的舉動已決不是偶然！舉手便打，舉脚便踢，早已成爲現代文明國民對待我們中國勞工（在他們口裏叫做苦力）的習慣了。我們不設法矯正他們那種舉手便打、舉脚便踢的習慣，自然隨時隨地可以有窮苦的勞工死在他們手脚之下，而且他們的手脚，不久更要加到一般中國人的身上來，那都是必然的趨勢呀！所以打死人的我們固然必須嚴重對付，而那舉手便打、舉脚便踢這一種習慣，我們尤其不能輕輕放過。

現代文明國人，在他們本國并不如此，一到了中國，便養成了一種舉手便打、舉脚便踢的習慣，這究是甚麼原因？我敢説，是有一種惡魔附在他們身上作祟，我們把這種惡魔打倒，他們自然也是我們的好朋友了。

這惡魔是誰，是國際帝國資本主義！

打倒國際帝國資本主義，是醫治我們中國的惟一好方劑，是在一切零碎解決的工作中必須覺悟到的根本解決的方法！

這祇是寧波人的事嗎〔一〕

『這祇是寧波人的事嗎？』我心中懷着這樣的疑問。

自然，死者既然是寧波人，而且已有寧波人當仁不讓地在那裏盡力，就專讓寧波人去辦這件事，或者也是『分工』的一個道理！

但萬一不是寧波人而有這樣的慘死，慘死者不是寧波人，更不是什麽廣東人，……人，竟是在上海找不出什麽同鄉的人，那又怎麽樣呢？

寧波是中國的一府，與其使人知道寧波人不易欺，何如使人知道中國人不易欺！

反革命的廣州商團〔二〕

廣州的商團，從前已有殘殺工人的行動，這次更悍然［與］革命政府爲難，果使他們得志，其行爲必比歐

〔一〕　此文原載一九二四年八月十七日上海《民國日報·覺悟》。
〔二〕　此文原載一九二四年八月二十七日上海《民國日報·覺悟》。

陸的法西斯蒂黨更慘酷、更横暴。别的不講，祇看他們對付派報工人和廣州市報紙的態度，即可明瞭。他們初因派報工作向政府請願，有不利於他們的言詞，即一致拒絶工人派報，直接向報館訂閲；繼又因廣州市報紙著論指斥他們，即傳檄一致拒絶省報。此種摧殘工人、壓迫輿論的行爲，雖官僚軍閥有所不敢出，而廣州商團獨悍然行之而無忌，革命政府真以『民治』爲職志，對於他們還能始終寬假嗎？

忠厚老實的特性〔一〕

中國國民似乎已不像從前那樣忠厚老實了，因盧永祥氏再三地説『人不犯浙，浙不犯人』；而齊燮元氏也就學着説『浙不犯蘇，蘇不犯浙』。像這樣雙方信誓不首先犯人，戰事又何從開始呢？然而一般人都不相信他們的話，都承認此次戰禍已無可幸免，都争先恐後地尋求安全的地方避難，這確是國民聰明之處。大家已知道這樣的誓是靠不住的，到雙方前綫接觸時，要辨明誰先犯人，是很難能的；到勝負既分以後，又總是敗者負戎首的責任，勝者儘有自辨餘地的。

然而换一方面看，「國民」仍是最忠厚老實不過的。國民爲要銷弭戰禍，纔警告雙方勿爲戎首；然而國民所謂戎首似乎也真祇在何方最先開火的一點，而除了開火以外别的都不計及。所以請願和平的電文，總是把盧、

〔一〕此文原載一九二四年八月二十九日上海《民國日報·覺悟》。

齊兩方置於同等的地位，而對於一月以來明明白白呈現於我們眼前的事實，究竟何方先定計圍攻某省、何方先增兵進逼鄰境，從不敢加以嚴正的筆鋒，大概以爲對於一方面加以掊擊，便不是忠厚老實的和事老所應爲。這樣，無怪野心家以爲民意易侮，一方依樣畫葫蘆地巧避戎首的責任，一方又明目張膽地大肆戎首的行爲。

甚麼戎首不戎首，本還不是此次風雲的焦點。是非不明，正義不彰，大位可以豪奪，民意可以巧取，這方是國民要受痛苦的真正的病根。然而國民似乎以爲那些都不妨含糊過去，除了臨難急避這一點外，總不肯失却忠厚老實的特性。唉！說他們是忠厚老實，我自問實在太糊塗了。

明是非〔一〕

我遇到許多與政治無關的商界朋友，都説報紙所載蔣作賓先生關於江浙戰事的講話，最説得公道。這可見是非之公確尚在人間。然而，我因此越覺得一部分人在這一年以來直至今日，隨時做那淆亂是「非」的工作的，真是罪孽深重。

有人勸顧維鈞放手幹下去，説是『是非無定』（見前日《申報》載北京電），單看這一句話，已可證明奸宄殃民禍國都是國民是非無定所釀成。國民到了今日，還忍説『明是非』爲唱高調嗎？

〔一〕此文原載一九二四年九月一日上海《民國日報·覺悟》。

民意與戰争〔一〕

戰争已開始了，希望苟且的和平者當也自知絶望了。倘在此絶望中，依然存着苟安的心理，冀幸戰事速了，或更誤信『齊燮元戰敗，吴佩孚等必以全力爲齊後援，戰事將益益延長』的謬説，竟禱祝齊氏戰勝，那真是喪心病狂、下流已極，我衹得以『心死』二字奉贈給他們了。

無論齊燮元果能戰勝——就齊軍無紀律及種種關係言，齊軍固萬無幸勝的希望——更將爲全國混亂之根。即講此戰事的性質，國民亦應於確實認識以後，努力以求真和平的實現。此次之戰，固然不是江蘇和浙江之戰，亦非齊燮元和盧永祥之戰，乃是直系壓迫反直系之戰，固已十分明瞭。但説得更明白些，應説是破壞國法者與擁護國法者之戰，强奸民意者與服從民意者之戰。去年今日，舉國一致反對曹錕逐黎賄選，今年以來，也時時聽到反對金佛郎德發債票等賣國案的義聲。此等民意一日不伸，即真和平一日無望，十三年來是非不明的教訓，難道國民還未受够嗎？

〔一〕 此文原載一九二四年九月三日上海《民國日報·覺悟》。

商人的兩種心理〔一〕

上海總商會索償戰事損失的那個電報，本不是什麽『出人意表以外』的事。誰能説淞滬不應劃出戰區，誰能説人民不應索償損失？不過，我在讀總商會這一個電報以前，先曾聽到商界方面關於索償損失的議論，多是主張將這次一切戰事損失向那甘爲戎首的個人索償的。因此，便不能不有下列兩個疑問：

一、淞滬區域内的人民不應受戰事損失，淞滬區域以外是該受損失的嗎？

二、向公家索償，或扣抵關餘、鹽餘，是那甘爲戎首者所而聞而畏懼的嗎？

解答第一個疑問，還可以沿用『在商言商』的調子，説是『在滬言滬』，但是第二個疑問呢？中華民國不是曹錕、齊燮元的私産，何不課全責於戎首個人，而徒知取償於公家呢？總商會諸公大概要説，向個人索償是辦不到的，是一種高調罷了！

嗚呼！怕唱『高調』，愛説『在商言商』，兩種心理誤盡了諸公了。

〔一〕此文原載一九二四年九月四日上海《民國日報·覺悟》。

張東蓀先生的心理〔一〕

《時事新報》昨天有一篇《希望速了》的社評，不知是（那）［哪］一位先生做的，因爲下面没有署名的人。但據我看來，一定是張東蓀先生做的，因爲先貶斥『希望速了之心理』爲『懶惰性』，繼又頌揚此種心理較希望甲或乙戰勝之心理爲『高尚純潔百倍』，而其所以要如此先抑後揚，亦并非真欲頌揚此種心理，實欲反證此次戰事仍爲甲、乙兩軍閥之戰，而厚誣現時一般希望浙軍戰勝之公正的輿論，爲祇是少數與軍閥有關係的人：這樣暗渡陳倉的巧筆，絶非張東蓀先生不辦。

其實，即希望戰事速了的人，對於『孰勝孰敗』必十分注意，因爲他們既希望戰事速了，他們也必各有其見解，要某方得勝，戰事方不至延長。所以我們可以批評此種人見解的錯誤，而不能武斷他們不注意雙方的勝敗。既然研究到所謂『心理』，必不至連這一點粗淺的道理都不明白，所以我説張東蓀先生做這篇文章的心理，祇是要説明此次戰事仍爲甲、乙兩軍閥之戰，而厚誣現時一般公正的輿論。大家想，我對於張東蓀先生的心理測驗，不甚錯誤否？

但是，我以爲張東蓀先生這次未免有些心勞日拙。我記得曹錕賄選成功以後，《時事新報》的社評曾代直

〔一〕此文原載一九二四年九月六日上海《民國日報·覺悟》。

系大吹特吹，什麼兩次戰功咧、八省地盤咧，真說得十分熱鬧；它咧又曾諷刺過反直系，說他們真要和直系作戰，一定也要休養幾年、準備幾年，似乎十年以内是萬不能做『反直』的夢的。現在反直系竟違背了它的教訓，一年還未滿便已舉兵反抗，而且盧永祥以一省的孤軍，當齊燮〔元〕四省的包圍，更未免太不自量，就算再加上了廣東、奉天，就數目字看來，也終不是『八省地盤』的直系的對手呀。所以就《時事新報》的『論理』，儘可以直截痛快地說一句：『這次戰事一定速了，而且盧永祥一定戰敗。』要這樣立言，纔可以顯出它一年以前——實在還不到一年——自己言論的真有價值！張東蓀先生何以不敢這樣說呢？我却又測驗不出，衹好另請高明了！

模仿〔一〕

『國内無義戰』這一句新的名言，顯然是從『春秋無義戰』這一句舊話裏模仿出來的。

但是，從縱的時間上劃出一個時代，把這一個時代以内已有的戰事一一加以審查，見得無一合於義戰的條件，自然可以下這樣一句概括的批評。若從橫的地域，硬分一個國内與國外，把關於國内者一筆抹殺，則其結論并非經過詳細的審查，而徒爲籠統的武斷，決無是處。遠自南巢牧野，近如倒清討袁，都不得謂之國内的義

〔一〕此文原載一九二四年九月十日上海《民國日報·覺悟》。

戰嗎？

現代的言論家，肚裏有幾句舊書，再加上些似新非新的論調，便想創造新的名言，結果，祇成了那似通非通的怪話，模仿的害真正不小！

江浙人要怎樣可不負惡名〔一〕

江浙風雲，一般人多不承認爲江蘇和浙江的戰事，我也是一個不承認者。但同一不承認，而意義却大有區别。

不承認此次戰事爲江蘇、浙江的戰争最大的理由，自然是因爲江蘇人本不願和浙江人開戰，而浙江人亦絶未願打江蘇人。但我以爲祇有這一個理由是不够否認的。世界上無論哪一次戰事，倘真正從兩方面全體平民身上去考察，怕決没有贊成開戰的，英國的平民未必要置德國的平民於死地，德國的平民亦豈與英國的平民有什麼不共戴天之仇？英、德而竟有戰争，也祇是英、德二國的軍人、政治家所構成，於英、德兩國的一般平民無關。然而歷史家總不免大書曰『英德交戰』，所以儘管有人説此次戰事爲齊燮元和盧永祥個人之戰，但『江浙戰争』這一個惡名，總已無可幸免。

〔一〕此文原載一九二四年九月十二日上海《民國日報·覺悟》。

國民本不是容易做的：要挺起身體，擔負對於國家的一切責任，方不愧爲一個國民。你既生在這一個地方，如果有人竊據了你這地方的權位，盗用了你這地方的錢財，去和别人争地争城，你却衹圖自己身上乾净，説那是他們在那裏打仗，與我無關：明明人决不許你這樣諉卸責任！齊燮元不憑藉江蘇，江蘇人不縱容齊燮元，衹是齊燮元個人，怎能與盧永祥開戰？

所以要否認江蘇和浙江開戰，衹有趕圖事後的補救，補救的方法是推究出這次戰事的真正原因，辨明了是非順逆，合兩省的人民共趨於國民革命的一途。此次戰事爲直系壓迫反直系之戰，换一面看，亦即爲守正不阿者反抗賣國黷武者之戰，已是十分明白。認清了這一點，而努力使此次戰事成爲一有意義的戰事，自然江浙人都可不負惡名。否則，好人袖着手，惡人背了走，嚴格地課起責任來，袖着手者，正該與背了走者同科。

邁洪憲而媲始皇〔一〕

高踞在北京新華宫裏『鄙宗吝皇帝』，近來正在大大顯他的威風，除南征北討，（？）以外，復出其餘力，箝制人民言論，無所不用其極。據北京來人説，上海寄去的報紙，無論哪一家出版的，一律扣留，不許發售。北京報警探隨時注意，偶然看到有人手中拿着上海報紙，便要盡力追問來歷，并其人家屬亦不免嚴密的監視。北京報

〔一〕 此文原載一九二四年九月二十日上海《民國日報·覺悟》。

紙當然早成爲清一色的世界，有一二外人所辦日報不肯頌揚功德、鋪陳戰績，也禁止發售。此皆洪憲皇帝復生，應自愧嘆爲弗如者，求之古人，祇有秦始皇可相彷彿。《西報》所載槍斃新聞記者的舉動，除焚書坑儒外，古今中外，自更無其比例。所以，我覺得我們同行，雖曾有頌禱曹家大業，説甚麼兩次戰功、八省地盤，又拿什麽『漢高祖以馬上得之』的話來比，都還不足以盡『歌功頌德』的能事。現在僅爲代擬極簡要的一句話：『邁洪憲而媲始皇。』雖然就事功論，怕袁、呂兩公的鬼魂聽了要大不願意，但單講威風，實在是再確切没有的了。

辨别是非與參加是非〔一〕

孟軻曾説：『是非之心，智之端也。』又説：『無是非之心，非人也。』這是我國書傳中主張『辨别是非』最有力的話。孟子有這主張，所以他一生好與其他各家辨論，絶不稍示遷就，雖然他的辨論方法有時不很合理，但他那種擁護他所自信的真理〔的〕精神，確是很可佩服的。〔他這種精神是從哪裏來的呢？我敢説他是得力於孔丘『鄉願德之賊也』這句話。我們祇看他時常稱引這句話，便可知道了。〕〔二〕

不幸孔丘雖惡鄉願，而他的學説却有許多極易爲後世鄉願所利用。至於今日，里巷諺語，不知有幾多勸誡『少管旁人是非』的話，『放眼但見花開落，緘口莫言人是非』，『是非場中多煩惱』。這些話幾已成爲一般聰明

〔一〕 此文原載一九二四年九月二十二日上海《民國日報·覺悟》。

〔二〕 據《覺悟》補。

人的金科玉律了，始而怕管别人的是非，繼而并自己直接有關的是非也一味含糊過去。今日的中國，所以這樣擾亂不絶，實都由於是非不明；而是非不明，則全由於一般人怕講是非。一般人都怕講是非，自然再不會有辨别是非的能力，更决不會有參加是非的决心了。

要矯正國人此種習慣，間接即以杜絶中國亂（原）〔源〕，當然也衹有提倡國民辨别是非的能力與參加是非的决心。這樣，所以我們十分佩服張君勱先生在大夏大學開學式的演辭。

張君勱先生那天的演辭很長，現在衹介紹關於本問題的一段。他説：『在歐美各國，一般人對於社會各種問題，很少取袖手旁觀的態度。舉例來説，如賽球不過一種游戲，旁觀的人也大抵要預測雙方的勝負，而自擇取一方，以爲照我的判斷，此方以某種某種的理由，勢必得最後的勝利，使竟敗者，則我亦願輸資若干。此種Take side的精神，隨處都有表現，不但游戲如此，而其結果，則使每一問題發生，多少數的意見立時可以分明，在政治上取决大多數的原則，隨時都有效力，决無黑白混淆、無所適從的現象。然欲造成此種精神，〔必力戒模棱兩可，凡事不求個真是真非，或明知是非所在，而仍站在〕〔一〕旁觀的地位，不聞不問，此種辨别是非的能力與參加是非的决心，應當而且必須在青年時代養成。』

這段話真説得十分好！我因此感想到我國青年界近年來已漸漸有辨别是非的能力，即參加是非的决心也時時呈露，衹不過社會上有許多自命爲老成持重者，要竭力遏阻青年此種新機罷了。倒是一般爲青年導

〔一〕據《覺悟》補。

師的新聞界，很不肯於辨别是非上做功夫，常常説些囫圇呑棗的話，嗟嘆一陣，嘲笑一陣，混罵一陣，便算了事。舉最近的例來説，江浙戰雲既起，而廣東，而奉天，一致起來聲討曹錕、吴佩孚，曹、吴對於浙、奉，也下了什麽討伐命令，我們看看新聞界究竟有幾家明白地主張曹、吴應當聲討，否則悍然贊成曹、吴的討伐浙、奉？他們大家概都説，齊燮元與盧永祥各爲其個人而戰，没有什麽是非可講。我願意他們聽一聽張君勱先生的教訓，請他們也 Take side，在齊、盧和曹、張，或直系、反直系兩方，任擇一方而述其應當勝利的理由。

但是，説到江浙戰事，我對於張君勱先生也還有些請求。這就是君勱先生的《國内戰争六講》，雖然十分博辨，但對於江浙兩方，還未顯出 Take side 的精神。我極希望君勱先生暫時丢開别的高尚的理由，而單從齊、盧兩方或直系、反直系兩方，明白地給予我們一個 Take side 的好榜樣，纔顯出君勱先生言行相符的真精神！

東大、南大均定期開學了〔一〕

『言者無罪，聞者足戒』，這兩句老話，是在一切受人指摘的人，應當服膺勿失的。尤其是教育家，不可不有聞過則喜的宏量。

〔一〕 此文原載一九二四年十月二日上海《民國日報·覺悟》。

本刊曾因東南大學不能開學，以與北京大學的照常開學相比較，又有南洋大學學生某君來信，揭舉該校延不開學的疑點。我不知兩校當局讀後的感想何如，但能一念及青年向學的急迫，和社會有輔助青年讀書運動及希望教育家勿與軍閥勾結的責任，當然要認爲藥石之言，而不至誤會爲有甚麼惡意了。今東大已定於十月十日開學，南大亦定十月十一日開學，在本刊得此消息，自覺十分欣慰。但尤希望教育界永保其獨立不羈和耐苦奮鬥的精神，使青年不僅在智識上得到饋貧糧！

我真不知他們有無心肝〔一〕

『在商言商，在教言教』，這已在時局危急中忘却了他自己是個中國國民，然而果能如此，總還不至於積極地助軍閥爲惡。

可是越是表面上説那樣乾凈話的人，越是在暗地裏會幹助紂爲虐的行爲。今天我見報紙上載着某紗廠將拍賣，日本人頗願意承受的話，頗爲新興的實業家扼腕嘆息。却有朋友告訴我説，某實業家曾以廠中資本二十萬元借給吴佩孚作軍費，無怪他自己有關的實業反不能維持。此説果確，我真不知他們有無心肝。

〔一〕此文原載一九二四年十月三日上海《民國日報·覺悟》。

吳佩孚反對白話詩〔一〕

吳佩孚反對白話詩，正是『理有當然』，無足爲异。村狗見服飾稍异者，必狂吠，要是吳佩孚贊成白話詩，那纔是天地間一件怪事。

吳佩孚自己所做的詩，我們也早領教過，雖然多是七個字一句，每句講平仄，句與句之間也押着韻，但迂腐的見解加以鄙倍的詞頭，是否可算是『詩』，怕還是個疑問。現在反對白話詩的人很多，我想，其中倒有十之八九是像吳佩孚一樣，自己并不能算是會做舊詩，或(并)[正]是舊詩的『敗家子』，而偏要自居爲舊詩的孝子，竭力擁護舊詩。

吳佩孚駡創爲白話詩者是『離經叛道』『喪心病狂』，這在吳佩孚也自有他的邏輯。他固然不明瞭歷代詩體的變遷和現代文藝的趨勢，他尤其惡聞什麽『文學革命』的呼聲，他大概一聽到革命兩個字，便頭痛腦脹，他以爲白話詩「是由文學革命的提倡而產生，革命黨可誅，白話詩便可燒，做白話詩」〔二〕的也便可殺。某君説『武力統一以後，新體詩恐無噍類』，大概吳佩孚真有這樣的雄心？但是，我願做新體詩者勿抱杞憂——我自己不是詩人，我從未能做新體詩，我自然不用擔心——因爲他那個武力統一的迷夢，先無從實現。村狗雖因患

〔一〕　此文原載一九二四年十月四日上海《民國日報·覺悟》。

〔二〕　據《覺悟》補。

瘈而十分獰暴可怖，終於不會［把］村内外的人都咬死的！

吴佩孚爲其秘書楊圻《江山萬里樓詩集》作序，有罵白話詩數語：『方今風雅淪亡……下也者，離經叛道，創爲白話詩，喪心病狂，不成文理，舉國飲鴆，莫知所届。詩教如此，思邪可知矣。』

國文程度日壞的原因〔一〕

現在有許多人，抱着『斯文將喪』之痛，以爲一般青年國文程度日壞，是中國前途最可憂慮的一件事。不錯，現在多數青年并不注意國文，國文本身很繁難，教國文的人又不得法，積此種種原因，國文程度怎能不『江河日下』呢！不過，我決不承認那抱世道人心之憂者所説，把青年國文程度日壞的原因，歸咎於新思潮或白話文。

諸君請看，這裏不是有個很確實的證據嗎？《通海新報》的這位『梅閣主人』，我敢保證他一定反對新思潮，更決不曾做過白話文——自然，他更没有受過語體文的教育——然而他的文字竟會不通至此，而且他并不自知其不通，敢於提起筆來在報紙上作批評。國文程度日益低落的原因究竟何在，請大家再仔細地想想吧！

〔一〕此文原載一九二四年十月六日上海《民國日報·覺悟》。

今年雙十節應有的覺悟〔一〕

昨天《申報》常識欄論今年的雙十節，有幾句話説：『治亂循環，古今同軌，苟非大亂，不能大治。今年之雙十節，可謂值大亂之時矣，昔以兵多禍國，國民方日日呼籲裁兵而無效，今日東北東南之戰，則無論勝敗屬於何方，而屢經血戰之餘，兵已不裁而自裁矣……不妨姑作樂觀之想。』我以爲這是似是而非的話，國民萬不可被其迷惑。

誠然，中國的歷史上不少一治一亂的例子，然而就孟子所説，則亂之所以能治，固全賴有聖哲努力除害，而絶非聽其自然所可幸致。

雖用經濟的眼光來觀察，大亂之後，人口減少，自較易於圖治，但我以爲這祇是中國古代情形如此，今日則斷不能有此希冀。古代閉關自守，經濟的競争原祇限於國内，人口減少以後，自然競争的程度低落，經濟上的要求也易於滿足。若在今日，則帝國主義的國家環而逼我，即使我國因戰争而人口減少，但同時工商業衰退，愈無以抵抗現代各强國大工業的壓迫，其結果祇使我國所處殖民地的地位愈益深陷而不能自拔。所以，國民對於今日的内戰，若抱着聽其自然的態度，以爲亂極終必要治，不妨安坐而待，那真是謬誤已極，非使中國陷於

〔一〕此文原載一九二四年十月十日上海《民國日報·覺悟》。

萬劫不復的地位不止。

再就裁兵講，謂屢經血戰之餘，兵將不裁而自裁，亦是可笑已極的稚見。我們歷考近年的事實，每經過一次戰争，均增加一次軍隊，從未見有因而減少者，即以近事論，齊燮元屢經喪敗，所部死傷過多，固將不能成軍，但倘欲加以點驗，則時期内，無論第六師或何種軍隊，都不難一足額。戰亂愈久，失業者愈多，失業者愈多，募兵愈易。今日非有全部廓清，即欲以一方的傾覆，求達減少一部分軍隊的目的，且不可得，謂兵可不裁而自裁，除非放緑氣炮將一般失業者盡行屠殺，何從做到！

亂極思治，是人類應有的心理，但非有真正的覺悟不可，尤其在今日的中國，非合全國國民爲强固團體共立於國民革命旗幟之下，決難鏟除亂根，這是今年雙十節不可不有的覺悟。

市政與教育〔一〕

孫哲生先生講演廣州市政，談到普及教育的困難，第一是地皮太貴，難得適當的校址。我想，這一個問題，在上海也非常顯著。上海外人的租界，固然可算得『辦理完善，安寧而有秩序』了，但外人對於我國的教育當然不加注意，所以公共租界的預算裏衹有占全部數目甚小部分的教育費——有幾所『公學』，辦得好壞又另一

〔一〕 此文原載一九二四年十月十二日上海《民國日報·覺悟》。

問題，而法租界的預算則簡直可説没有教育費這一個項目。中國人自辦的學校，則除一二所曾籌措巨款自建校舍的以外，無一不爲房租問題所困擾。全校學膳宿費收入，常耗其大部分於房租項下，猶且無運動場、無圖書室等等設備。此時辦學校的財力固然談不到自建校舍，即使將來有此宏願，勉籌款項，而地皮價錢日昂一日，亦斷無方法可以解决此項難題。

上海租界有幾多華人寄居，盡納税的義務，難道他們都衹求錢袋的安全，而并不爲其子弟謀享受教育的權利嗎？此時我們最低限度的要求，當積極争得參與市政的權，而預算項下，必按照『文明國』市政的通例，以一大部分用之於教育；其次，當制定法例，限令各地産業主，捐出其地産的一部爲建造小學校之用。最好，上海普通所謂『里』的住屋，以法律限制房主必在『里』内建築一小學校，此在資産階級等於捐款辦理公益，而上海市的教育則受惠［非］淺。注意上海市政和教育問題者以爲何如？